JN330030

富士山の謎と奇談

静新新書

008

はじめに

私が本格的に「富士山研究」にとりつかれたのは、大学時代のことだから、すでに五〇年近くになる。とりつかれた最大の理由は、富士西麓に「人穴《ひとあな》」という奇妙な名の洞穴があり、そこに徳川家康が逃げこんだ伝説があったからである。甲斐の国に攻めこんだ家康は、夜襲にあって惨敗、ほうほうの体《てい》で人穴にとびこんだ。その闇の中から、突然、人の声がした。見れば行者らしい人物が、修行中だったらしい。ことの次第を手短に話すと、行者はだまって穴の奥を指さした。従うと、一匹のクモが洞内に糸を張りだした。

やがて追っ手が、なだれこんで来た。誰か来たろうという詰問に対して、行者はだまって奥の方を指さした。そこにはクモの巣があるだけで、人の気配をまったく消し去っていた。かくて家康は一命を助かり、その翌年、感謝の心をこめて、人穴村に無税の朱印状を手渡したという。

この伝説の中に出てくる行者に、強い興味をひかれて調べてみると、その人物は角行《かくぎょう》といい、戦乱の世に平和をもたらす為に諸国を遍歴した末に、人穴にこもって修行している最中であった。彼は、やがて浅間《せんげん》大菩薩の教示を受けて、「富士登山」を究極の道に定める。死ぬまでに登山すること一二八回を実行して、「富士講の開祖」と呼ばれるようになる。

だが、そのころの人穴は不吉な場所として誰も近寄ることがなかった。なぜなら、鎌倉時代に将軍の命によって、伊豆の武将（仁田《にった》忠常）が探検して、恐ろしい目にあっていたからである。その結末は、穴の奥で大河に出合って、忠常の家来がバタバタと倒れて死んでいった。忠常は将軍頼家から拝領した太刀を、ざんぶとばかり大河に投下した。それによって怪奇はおさまり、無事に帰参できた。

しかし、この話をきいた人々は、「この穴は浅間大菩薩の住まわれる所だ。恐ろしや」とふるえあがった。その祟《たた》りの為か、将軍頼家は伊豆の修善寺で暗殺され、忠常も謀反の疑をかけられて斬殺されたと伝えられる。

そうした因縁のある、不吉な穴、あるいは神聖にして侵すべからざる洞穴だったのである。この伝承をもとに、私の富士山研究は始まり、やがて富士登山にむかっていった。

登頂して噴火口を見おろし、虎岩を見、幻の魚がいるというコノシロ池の跡を見て、頭を叩きこわされた不動明王の石像などを見た。また江戸時代に噴火した宝永山の頭に乗り、お中道めぐりも実行した。さらに進んで、昔の登山者が巡拝した「お胎内」と呼ぶ溶岩洞穴等を巡り歩いた。船津胎内・吉田胎内・精進お穴・万野風穴・バンバア穴など数多い。

そうした中で、富士信仰の研究家だった岩科小一郎・伊藤堅吉・岡田博の各氏に交流をいただいた。また富士山三部構造説で知られた、地質学の津屋弘逵氏や、洞穴研究家の小川孝徳氏には教えられる事が多かった。

その最後に、私は生涯忘れることの出来ない体験をする。それは富士山の強力《ごうりき》といって、山道の案内や荷物の運搬などをしていた老人と一緒に登山をした時のこと…、私は噴火口にむかって、一人ゆっくりと下っていった。足もとは、大きな岩がつみ重なった危険な急斜面で、赤茶色をした溶岩塊が、ずっと続いていた。やがて少しゆるやかになって砂地が見えるようになった。その時、私の耳にかすかな水音がひびいてきた。見渡すと、火口壁の西側にへばりつく万年雪の下端から、一滴一滴、しずくが落ちこぼれていた。それは小さな水となり、寄り集まって小さな川になっていた。それが斜面をかけくだる時、静寂な火口壁に反響していたのだった。

その流れに沿って下ると、小川は火口底の砂地に吸いこまれて、消失していった。そこには、すでに地熱もなく、むかし「神池」といわれた青い水をたたえた池もなかった。

そして私が期待していた噴火口への「お賽銭」も見当たらず、明治時代の廃仏毀釈によって頂上から投げ落とされた仏像の断片すら、見出すことは出来なかった。長期の風雪による崩壊によって、砂と岩石が火口底を埋めつくしていたのである。しかし私は、すでに満足していた。そこから見あげると、山頂の奥宮とおぼしき辺りから、垂直に切りさかれた屛風のような赤岩が、時空を超えて立ちはだかって荘厳だった。

私はまさに富士山の「内院」に居たのだ。富士山研究の最後を飾る、貴重な体験だったと、今も思う。なお、火口に下るのは浅間大社の許可なしでは厳罰である事を、付記して稿を終えたい。

平成十八年十二月　　富士山本宮浅間大社御鎮座千二百年の暮れに

遠藤　秀男

※本書は、静岡新聞社が平成元年に出版した「富士山よもやま話」（遠藤秀男著）の一部を抜粋し、加筆したものである。地名等は発行当時のままとした。

目次

第二章　富士山信仰のあれこれ……61

第一章　富士山の謎と奇談

富士山はなぜフジサンか——命名の謎

　富士山はなぜフジサンと呼ばれたのか、質問すると案外答えられない「愚問」であり、逆に大昔からそう呼ばれてきたからフジサンで良いんだろうと反発されそうである。

　ところが、調べていくと多くの謎がひしめいていて、とても厄介な問題なのである。たとえば富士という文字が当てられるようになったのは、平安時代のことであり、奈良時代には福慈・不尽・布士・不死などと書かれて、いずれもフジと読ませているのだから、初めにフジという発音の名前があった事だけはわかる。

　しかし、文字が中国から輸入される以前の呼び名は、まったく不明である。フジの初見は、奈良時代の和銅六年（七一三）に編集された『常陸風土記』に、福慈として出てくるのだが、もう少し詳しく言うと、福慈神という美人で冷たい女性神として描かれたのであった。だから当時はフジ山で良いはずなのだが、その一方で富士山を祭神として祀る本家の「富士山本宮浅間大社」は、その頃「浅間《あさま》神社」と呼ばれ、浅間大神として富士山を祀っているから、大きな疑問が出てくるのである。

社伝によれば、浅間大神が祀られた最初は垂仁天皇の時だといい、その後、景行天皇の時に山宮に移し、現在地（富士宮市宮町）に移したのが大同元年（八〇六）のことだと伝えている。

では、浅間《あさま》と福慈《ふじ》の二人の神（または山）は、どちらが古いのだろうか。この問題は、富士山なのになぜアサマ神を祀ったのか、という疑問の解明によって納得されていくものと考えられる。そこで、まずフジサンの命名について昔から言われてきた諸説をあげてみることにしよう。

①不死山説…平安時代に書かれた『竹取物語』の末尾で、カグヤ姫の置いていった不老不死の薬を、フジ山頂で焼いてしまった。それ以来、不死山と呼び、煙がたなびくようになったと伝える。…中国人徐福《じょふく》が仙薬を求めて東海に出航し、富士山（またの名を蓬萊山《ほうらいさん》）に至って永住したという話が、平安中期にあたる五代の『義楚六帖』に書かれている。不老不死の薬を求めて来たことになっている。

②富士郡説…平安中期に都良香《みやこのよしか》が書いた『富士山記』に、「山名の富士は郡名から取ったもので、山には浅間大神がいる」と報告されている。多くの人は、逆に山名から富士郡の名が付いたのだろうと考えている向きがある。

③フクジ説…江戸時代の平田篤胤《あつたね》が、福慈とは富久士《ふくじ》であると言い、天高く奇《くし》くそびえ立つ意味だと説いた。またニニギの命が天から下り、高千穂の久志峰岳《くしふるたけ》に降りたったという久志に通ずるという。ニニギは富士山の祭神といわれる木花咲耶《このはなさくや》姫を妻に迎えたことでも知られる。

④藤説…藤の花がたれ下がって美しく咲く事と通わせて、山裾（スロープ）の美しさを表現したものという。この説は摺鉢を伏せた形に似ているからフセという音が転訛したものだという説と同等のものである。

⑤アイヌ語説…バチェラーが説く「フンチ（火の山）」が一時期とりあげられた。しかし現今はそれより「プシ（噴出する、裂ける）」の方が当を得ているのではないかと言われるようになった。

その他、フチ（渕）・フシロ（斑自）・フジナ（吹息穴）など言葉遊びのような説があるが、いずれも当を得ておらず、古代日本人の発音がF音はP音だったろうという学問的推定からいくと、プシとなり、アイヌ語説に傾きそうな感じがする。しかし、私の畏友、谷有二氏はマレー語のプジ（素晴らしい、ワンダフル）なども ある事を指摘し、南方系言語の影響だってある可能性を教えている。だが彼は、そうした言葉遊びのようなフジの語源探しよりも、もっと大切なのは、フジ山の名が付く以前はアサマと呼ばれていたのではないか、と大胆な発想を問いかけている。彼の著書『富士山はなぜフジサンか』は、地名研究のユニークな書であるが、その中で、次のように言う。

アサマという名は火山にかかわる名称かもしれず、マレー語を始めとする南方系言語では、煙や湯気をアサ・アサプと言う。日本では火山や温泉地にこれと似た地名が多い。たとえば九州の阿蘇山、信州の浅間山、大分県の浅見、青森の浅虫、静岡県の熱海《あたみ》、福島の温海《あつみ》、秋田の浅見内、など共通点が多い。したがって火を噴く山だった富士山は、もとアサマと呼ばれていた可能性がある。都の人々は駿河にある天に最も近く崇高なアサマの峰を、仙人の住む不尽・不死の神山に見たてたのではないか。それが天武朝の国郡制の整理などによって、アサマとフジの緩やかな交替があったと考えられないだろうか。

以上は谷氏の説であるが、私なりに整理していくと、奈良時代にフジと呼ばれる以前のこの山は、何と呼ばれるのが妥当だったろうと考えてみると、おそらく「火の山、火を噴く山、恐ろしい山」であったろうと思う。しかもフジという名の中には、まったくそうした語感は無いことがわかる。むしろアサマの神の荒々しい語感の方が、よりふさわしいのである。火山灰と溶岩に埋められた古代遺跡の存在を見る時、その感じはさらに強くなってくる。

山中襄太氏の『地名語源辞典』で見ると、フジの名の付く火山が見当たらない事、逆にアサマ山と名付けられた例は各地に見られ、長野六・静岡五・三重六・群馬三・千葉三・神奈川二というふうに多い。またアソという火山や温泉が各地にあると報告している事などを総合すると、富士山も初めはアサマだったのかも知れない。しかしながらその美しさと、周囲を抜きん出た高さと崇高さが、他と同一の名称ではもったいなくて、ほめ言葉の不二（二つと無い）・不尽（永遠）・不死（不老不死の仙人の住む所）・福慈（幸せを与える）など、日本一の名山にふさわしい表現をするようになっていったのではなかろうか。

そして、ついに平安時代の初め頃に富士の文字に統一されていったのである。その初見は『続日本紀』であり、それ以後の『三代実録』『延喜式』などに引きつがれる。このように考えてきて初めて冒頭で述べた富士の祭神が「浅間《あさま》大神」であったことに納得がいき、それを祀る神社が「浅間神社」だったことも了解できるのである。

富士神社ではなかったのだ。但し唯一つ富知《ふじ》神社が存在する。富士宮市朝日町の福地神社がそれで、今はフクチと発音されているが、まさしくこの社は木花咲耶姫の父、大山祇を祀った古杜であって、アサマからフジへの移行期があったことを証明する貴重な存在なのである。

富士山の高さは昔から同じか

富士山は昔から同じ高さを保っているのか、それとも大沢崩れや地震などによって低くなっているのか、ちょっと知りたいところである。山体が永世不変であるという説は、室町時代に書かれた『藻塩草』に「富士の砂《いさご》は人の降りるにつれて下り、一夜の間に上るという」と伝えている。

土砂の流下はやまないのに、山体がいっこうに損じられていない様子の不思議さを、こう語っているのだが、現代人はそれを信じない。なぜなら大沢崩れによる一〇〇〇年間の崩壊量は、七五〇〇万トンといわれ、あと一〇〇〇年もたてば山頂まで崩壊が進んで真っ二つに割れてしまうだろうと言われているからだ。

そこで、過去の測量記録をつぶさに検討しなおしてみた。すると何と色々な数字が行間に踊り、私たちが常識としている、三七七六メートルとは違う高さの富士山が共存しているのである。山頂に立つ標石には「三七七五・六メートル」と刻んであるが、三〇年ほど前には、たしかに「三七七六・三メートル」と刻まれていたはずである。その謎解きに対しては、御殿場市で活躍中の富士山研究家の仁藤祐治氏が調査した結果、「富士山の高さが変わったわけではない。地図の作製に必要な三角点の標石が傷んだので、新しくとりかえた為に、三角点の高さが違っただけの事である」という回答に接したという。やれやれホッとしたところで、測量の歴史を簡単にふり返ってみる。
①万延元年（一八六〇）イギリス公使オールコックが、外国人として初めての

崩れつつ高さの変わらない富士

富士登山を実行。その時つき従ったロビンソンが測量したところ、最高峰は一万四一七七フィート（四三二一メートル）と報告されている。オールコックはこの時、噴火口にむけて、祝砲を二一発ぶちこんでいる。

②オールコックに先立つこと五〇年ほど前に、伊能忠敬による平地からの三角測量と思われる計算が出されている。三九八二メートル。何と二〇六メートルほどの差があるだけだ。（計算された年代が確かでない為、文化年中の事としておく）

③文政一一年（一八二八）四月に雪中登山した二宮敬作が測量し、「三七九四・五メートル」という数字を得たと伝える。彼はドイツ人医師シーボルトの弟子であり、師から実測を依頼されたというが、師が国外退去処分を受けた事もあり、公表される事がなかったという。（埼玉の友人谷有二氏の調査による）

④明治六年（一八七三）フランス人のレピシェーが測量、一万一五四二フィート（三五一八メートル）と算出したが、伊能忠敬にも及ばない。

⑤明治一三年、東大教授のメンデンホールと学生らが山頂実測し、ようやく実数に近い三七七八メートルとはじき出したのである。

こうして最後は、陸軍参謀本部による正式決定をみるのである。その場合、最高峰は剣ガ峰のことを指すが、その地点に異動や変化がなかったか、最後に私なりに調べてみた。たとえば『太平記』に元弘元年（一三三一）大地震によって富士山頂が崩壊したと書かれているなど、不安材料が存在するからだ。実地に測候所のある剣ガ峰を歩き、空から観察し、さらに津屋弘逵氏に教えを乞うた結果、剣ガ峰の高まりは新富士山の噴出した新期溶岩であり、年代は確定しがたいが約二〇〇〇年ほど前からまったく変化はなく、火口からあふれた溶岩が縁をのりこえ固まったままの状態であることが判明した。

大沢崩れは、その地方鞍部の「馬の背」の外側、つまり西方が崩壊し開口しているわけで、一〇〇〇年後に崩壊が頂上に達しても、剣ガ峰は無事であろうという結論に達した。富士山の高さは、今後も変わる事はないのである。

なお、平成元年八月に行われた国土地理院の測量では、山頂は三七七六メートル二〇センチと公表されている。

富士山に仙薬を求めた中国人―徐福

紀元前二一〇年、日本では弥生時代の初め頃に中国人徐福が、五〇〇余人の一族をひきつれて日本へ渡来したという。時は秦の始皇帝三七年、中国全土を統一した後の絶頂期にあった始皇帝は、不老不死の薬を求めさせて、彼にその探索を命じたのだと伝えている。

万里の長城の建設、美女を集めた阿房宮の建設、馳道（皇帝道路）七〇〇〇キロの建設、関中の大運河建設、さらに陵墓の建設と息つくひまもない始皇帝の行動力はスーパーマン的であったが、同時に不老長生の仙薬について異常なほどの執着を示した。「飲めば体に羽が生じて仙人になる」といわれた薬が、東海に浮かぶ蓬萊《ほうらい》にあるという。そこで第一回の探検を徐市に命じたのが、始皇帝二八年のことであり、その時は何も得ることが出来なかった。そこで今回の探検隊の出発になるわけで、蓬萊とは日本のことであり、そこに千古雪をいただく蓬萊山があるということだけが頼りの船出であった。

そのホウライ山が富士山のことだと中国の書物に書かれるのは、『義楚六帖』が初見であり、平安時代にあたるから、徐福の来日から一一〇〇年も過ぎた頃には、彼の子孫がそこに土着して秦氏を名乗っていた事実が知られるのである。その文に「日本国、またの名を倭国といい、東海の彼方にある。秦のころ、徐福は五〇〇人の童男と五〇〇人の童女を率いてこの国に着き、そのまま留まった」とある。

なぜ彼は中国へ帰らなかったのか。それは彼が出発して間もない紀元前一〇〇年頃に書かれた『史記』に次のように報告されている。第一回の探索を命じられた徐市は、何の手がかりも得られずに帰ったが、始皇帝に叱られるのを恐れて偽りの報告をした。「大鮫が行手をはばんで島へたどりつく事が出来ません。次には連発の石弓で射とめて、仙薬を入手して参ります」。それを聞いた始皇帝は次に徐福に探索を命じたが、彼も偽りの報告をして言った。「蓬莱山で仙界の使者と会ったところ、仙薬を欲しければ良家の男女と百工を献上せよ、と申されました」。喜んだ始皇帝は、男女三〇〇〇人と五穀の種と百工（多くの工人）を添えて出発させた。徐福はその地で平原と広い沼地を得て王となり、二度と故国へ帰らなかった。

つまり徐福は始皇帝のワガママな願望の為に働いてみても、不老不死の薬など得られるはずが無いことを知っており、一族をひきつれて東海に旅立っていったという事なのだ。徐福が住んでいた村は、いま江蘇省贛楡《かんゆ》県金山郷徐阜村といい、以前は徐福村と呼んだという。そこに伝わる伝説は、暴虐な始皇帝によって無理難題をおしつけられた徐福が、一身の保安と一族の保身の為に大バクチをうち、海外脱出に成功したのだと語る。

こうして日本（当時はホウライ）へ渡った徐福はどうしたのか、今度は日本側の資料から見ていくと、『海道諸国記』に次のように報告されている。「孝霊天皇の七十二年、秦の徐福不老不死の薬を、駿州の不尽山、紀州熊野に求むるも得ざれば、本国（佐賀）金立山の霊地なるを聞き、この山に登り求めんとて舟に乗り、南海より有明の海を経て浮盃《ブバイ》という港に着し、陸行して川原という所に休み、ここにとどまれり」。

つまり佐賀市諸富町新北あたりにとどまったというわけであるが、日本へ来て最初にたずねた所が不尽山（富士山）であり、次に和歌山の熊野山をたずねている事から見ると、やはり仙薬の発見は不可能だったと考えて良いだろう。だがここに興味深い史料がある。『牛窪記』によると、一行は四つに分かれ、徐福は熊野山（和歌山県）、徐市が富士山へ、徐明は金峯山（熊本県）へ、徐林が肥前国金立山（佐賀市）へと分散して、各地に土着したというのである。そうすると富士山麓に来住したのは、一族の徐市だったという事になる。

そこで今度は富士山麓の山梨県富士吉田市に伝わる『宮下古文書』をひもといてみると、

来日した男女は五五二人（老人八七、壮年二七六、青年八四、幼児九九、徐福家六）であったと言い、その船団は八五隻の船に分乗した多くの職工とともに、金・銅・砂鉄・珠玉などをたっぷりと積みこんで来たと書かれている。

その一行は富士山北麓の大室に居住して、一族繁栄し「富士高天原」の旧都として栄えるもとになったという。以上の伝承にもとずいて山梨県には、いくつかの伝承的史跡が存在する。簡略に列挙してみると、富士吉田市の福源寺の鶴塚（徐福と家族が死んで三羽の鶴に化したという）、小明見の甲子神社の徐福祠、河口湖町の徐福社（機《はた》の神）、などである。

また当地の神主に秦・波多・羽田を名乗る家があるのは、徐福の子孫だとも伝えている。さらにホウライ山で見つけた不老の実があり、それは高山植物のコケモモ（別名浜梨）だとも伝えて、話題は二二〇〇年前を今見るように賑やかで懐かしい。

富士山高天原―幻の帝都をめぐる虚実

富士山の北麓に有史以前に帝都があったという。その名は、富士山高天原《たかまがはら》―神々が富士山嶺におり立った所だとされる。その存在を最初に報告したのは、三輪義凞と神原信一郎の両氏であったが、それをひきついだ高山愛治氏に私が教えを受けたのは、四〇年ほど前のことであった。

原典は富士吉田市大明見の宮下源兵衛宅で、明治一六年（一八八三）に開封された「開かずの木箱」の中にあった古文書である。大正時代になって学者のとりあげるところとなり、センセーショナルな公表をされるが、その内容があまりにも常識を破っているという理由で、その後、偽書扱いされてひっそりと眠っていたのであった。その編さん者は誰あろう、先に紹介した徐福がこの地に定住して、古代日本の神代史一二巻を筆録したものだといい、その後子孫が書きついだ膨大な史書だというから、文字を持たなかった日本の昔を知る「とんでもない貴重な史料」だという訳である。

ただし徐福が筆録した文献はすでに無く、鎌倉時代に流失（当時神奈川県の寒川神社に所蔵されていたと言う）、災害の十数年前にその大切さを知った小室浅間の宮下義仁が書き写しておいた為、この世に残されたのだというイワク付きだ。

その神代史は、神武天皇以前の約四〇〇〇年の幻の王朝史で構成される。それは五つの時代に分けられているが、そのうち一と二の一〇〇〇年間は天上に都があった時代としている。つまり大陸に都があった時を指し、これに続く第三神朝に日本へ渡来（これを天から下界へおりて来たと表現する）、初代の国常立《くにとこたち》は丹波に帝都を置く。この時、弟の国狭槌《くにさつち》は東国の平定を命じられて、富士山麓に都を築いたという。それから七代後のイザナギの時に富士高天原を帝都と定めて、以後五〇〇年間に及ぶ繁栄が続く。やがて第四神朝の終末にウガヤフキアエズが九州阿蘇に都を移し、第五神朝が始まる。神武天皇が誕生するのは、それから二〇〇〇年も後のことになるというのだから、ざっと計算しただけでも、富士山麓に帝都が置かれたのは約五〇〇〇年前という事になる。当時は縄文時代のまっさかりで、何と富士山が噴火を続けた後の完成期にあたり、新富士山がニョッキリとそびえ立ち、山頂から火と煙を噴きあげていた時代である。

ただし、この計算は概算にしかすぎないから、噴火の休止期も考えられるので、幻の帝都の存在を認定する資料にも否定する資料にもならない。しかし『宮下古文書』は、さらに続けて歴史時代まで及び、崇神天皇の時代に三六だった社家（神社を守る家柄）は平安時代に六三六家にまで増えていたと伝え、その後の異変を語っている。延暦一九年（八〇〇）四月に火を噴きあげた富士山が、山頂といわず山腹といわず七二カ所から溶岩を流し出して、帝都あと（天都と呼んでいた）をおし包み、周辺の住民二万人も被災し、ことごとく溶岩で焼きつくされてしまったというのだ。

この時、幸いにも難を逃れた三四九人の神職がいた。京都や伊勢を巡行中だったが、急いで帰ってみたものの復旧のメドも立たぬ惨状だった為、相模（神奈川県）の高座郡に寒川神社を創建して、ここに居住したというのである。こうして残された古記録類（古くボロボロになっていたので書写したもの）は、やがて弘安五年（一二八二）の大洪水で流失してしまったという訳なのだ。徐福の来日から数えて約一五〇〇年後の事にあたる。

以上、秘密の内に流転した『宮下古文書』によって、ざっと流れをたどってみたのだが、延暦の噴火によって天都を焼いた溶岩というのは、寄生火山から噴出した剣丸尾ではないかと言われる。そこで少し調べてみると、この溶岩は標高二九〇〇メートルの山腹割目から流出して、スバルライン二合目と丸山との間を流下し、富士急ハイランドの敷地を経て、下吉田の赤坂で止まっている。その溶岩下から縄文式土器や古銭が出土しているので、かなり長期にわたる人間の居住が確かめられたが、町田洋氏はこの丸尾を延暦または貞観の噴火の産物ではないかと推定している。しかし、その流れは帯状に長く、青木ガ原を埋めた溶岩のような広大さは無いので、天都全滅説は怪しくなるのである。

かつて帝都の事を私が話題にした時、地質学者である津屋先生は一笑に付された。地道に溶岩の一つ一つを探り歩き、サンプルを欠いて持ち帰り、分析統計した上で、溶岩内から発見される木炭などによる年代測定をし、さらに火山灰の間に埋もれた遺跡によって時代を計算していくといった努力を続けてきた人にとって、夢のような高天原伝説は語る必要もない「異次元の世界」であったようだ。虚実はこの間に存在する。

夢として語るならば、壮大で悲壮でこの上なくすぐれた叙事詩である。しかし、それを事実と認定して突入していくと、そこは巨大な異次元の世界の広がりになる。『宮下古文書』のもつ魅力は、まさに終止符のない文学の世界であり、また、それだからこそ幻の帝都富士山高天原なのでもある。

富士山は男神か女神か

富士山の祭神は、木花咲耶姫《このはなさくや》だといわれ、彼女は桜の花が満開であるような馥郁《ふくいく》とした美しい女神だと説かれている。だから富士山は女神であるという人が多い。ところが、平安時代に山岳仏教をこの山に持ちこんだ富士上人（末代上人）は、真剣にこの問題で悩みぬいたすえに、山中で一〇〇日間の断食修行をしてまで答えを見い出そうとしているのである。どうしてそんな問題（男か女か）が生じたのだろうか。

富士山は初めは噴火する荒ぶる火の神「アサマ」であったろうという推論は、先に書いた通りであり、その祭神（浅間大神・浅間明神）は男神だったろうと仮定される。後に浅間大菩薩と表現される場合も、やはり男性的である。ところが、奈良時代に編さんされた『古事記』や『常陸《ひたち》風土記』に書かれた神話は、女性として描かれているのである。また『古事記』によると、木花咲耶姫は天から下って来たニニギに見染められてその妻となり、いざ出

富士山は男か女か

産という時に産室に火をつけて、その火中で無事に皇子を誕生させたという。美女だが気性の強い女性として描かれている。その理由はニニギに不貞の疑いをかけられた為、身の潔白を証明しようとしたのだと言い、これによって火に強い水徳の神として崇められるようになり、富士山が噴火するたびに「鎮火」の祈禱をする浅間大社の重要な祭神となるのである。

つぎに『常陸風土記』は、彼女を福慈《ふじ》神と書き、美しいが心の冷たい女神だと言っている。ある時、親神が一夜の宿を乞うたところ、「今日は家中で物忌《ものいみ》をしていますので…」と断わられてしまった。怒った親神は、「今後は夏も冬も雪が降りつもって、人の登らないようにしてやる」と言って筑波山へ向かったという。それ以来、富士山は一年中、雪にとざされているという神話であるが、この当時はまだ二人の女神は、同一のものとは見なされていなかったようだ。両書が編さんされた和銅年中（七〇八～七一四）は、平和な女神の時代であった。

ところが奈良時代の末期の天応元年（七八一）に、突然噴火を始めた富士山は、続く延暦一九年（八〇〇）、貞観六年（八六四）の大噴火などをくり返して、山麓の住民に多大の被害と不安を与える。富士山が再び男の時代に突入したのである。これに刺激されて登山した者がおり、平安前期の書『富士山記』には、山頂の噴火口には熱湯がにえたぎっており、噴煙が立ちのぼっていると書かれている。この荒ぶる山に山岳仏教を導入したのは、平安後期の末代であり、彼は山頂に大日寺を建て、さらに鳥羽法皇にすすめて大般若経の一部を書写させ、これを山頂に埋経しようとした事が『本朝世紀』によって知られる。

彼はやがてミイラとなって山中に祀られるのだが、その信仰を確固たるものにする為に、富士山は男神か女神か思索をめぐらしつつ、山中で一〇〇日の断食をしたと『地蔵菩薩霊現記』に書かれている。当時、彼が山頂に祀ったのは大日如来であった。男神である。ところが一方ではサクヤ姫も祭神であった。それは祀る人の立場の違いにあったのだが、ついに末代は神仏の教示を受けて、「神仏に男女の区別無し」と悟る。区別は無いが両神とも尊いものと考えて、神仏混合の時代を創始する。これが富士宮市元村山に残る、浅間神社と大日堂が共存する「富士修験《しゆげん》」の聖域となるのである。

その後、山頂には仏像類が寄進され、江戸時代には仏教と神道を共存させた「富士講」が盛んになって、神仏混合はいっそう拍車をかけられる。ところが明治維新によって、そうした状況は一変させられる。明治政府による仏教排除の政策によって、排仏《はいぶつ》毀釈《きしやく》の嵐が吹き荒れると、富士山中にあった仏像類は叩きこわされ、燃やされ、金仏は引きずりおろされて金属として売却されてしまったのである。こうして再び木花咲耶姫が復活し、富士山は女神として位置付けられるようになったのだ。

こうした信仰史の変遷そのものが、いつの時代においても男神か女神かという問題提示に対して、右と左をゆれ動きながら、長い歴史の中を生き続けてきたのであった。

富士山中でミイラになった人々

熱烈な富士山信仰者の最期は、なぜか「お山で死ぬこと」を目指し、「肉身仏《ミイラ》となって、お山と共に在りたい」と願うようである。その初見は平安時代の末代上人に始まり、下って江戸時代後期の妙心（ミイラが残存）に至るまで、知り得る限りで八人が「入定死《にゅうじょうし》」をとげている。

入定とはふつう二つの意味があり、①禅定《ぜんじょう》と同じく、富士山・白山・立山などの高山に信者が登って修行すること。②入滅《にゅうめつ》と同じく、聖者が死去すること。以上の二つが辞書に出てくるのであるが、富士講信者などの間で用いる入定の意味にはもうひとつ、悲壮な「自ら死期を定めて入滅する信仰上の死」とでも言うべき意味がある。これは自殺とは別の次元の世界であり、多くの場合食物を口にせず衰弱して自然死に至る状況を自らつくるのである。そうした覚悟を示す全般的行為として、地中に穴を掘ってその中にこもり、上部からフタをしてもらい、地上に通じる空気穴として竹を一本出し、死ぬまで念仏を唱えるとか鉦《かね》を叩き続ける「行人塚」伝説が各地に生じた。

だが富士信仰者の場合、その実践のしかたはまちまちだったようである。ただ共通していると思われる点は、過酷な食事制限をして、木食行《もくじきぎょう》（米麦を食べない）や十穀断ち《じっこくだ》（芋や野菜も食べない）を実行して、最後は水だけを口にし、本当の入定は水さえも飲まない苦行の終点にあったようだ。

こうした死に方をした遺体は、生きている時でさえ枯骸にひとしい姿だったから、そのまま乾燥状態を保ちさえすればミイラになったのだ。これを肉身仏《にくしんぶつ》と呼んだ。死んでなお現世に肉身を残し、信者の崇拝する対象となることを願ったのである。以下八人について略述してみよう。

（1）末代上人……関東の庶民と鳥羽法皇の後援によって、山頂に大日寺を建てた彼は、富士登山数百度といわれる修行の後、ふもとの村山（富士宮市）に寺院を建ててそこで入定した。世に富士上人と呼ばれ、死んだ後は大棟梁《だいとうりょう》権現と号された。「その身は、なおも彼《か》の岳（富士山）に執心して、麓の里村山ともうす所に地をしめ、伽藍を営み、肉身をここに納めて、当山の守護神と現れたまふ」と『地蔵菩薩霊現記』に書かれている。平安末期のことである。その後、ミイラを納めた大棟梁権現社は、大鏡坊が管理して明治初年まで続くが、いつの頃か枯骨となって埋葬されたもののようである。

（2）十滝房承海……南北朝時代の暦応三年（一三四〇）に武蔵国新座郡に住んでいた承海が、お山で死ぬと言い残して富士山へ入ったきりになったという。江戸時代の文化年中に田子山という塚から一枚の石碑が発見され、そこに彼が四五歳で千日行の為の逆修《ぎゃくしゅう》をすると刻まれていた事から、伝承が本当だったと判明した。逆修とは自分の死を予測して生前に墓石をたてることを言う。彼がどこで入定し、そのミイラがどうなったのか、知る資料は何もない。

（3）案山禅師と（4）久圓……江戸時代の延宝五年（一六七七）八月に山頂「釈迦の割石」下で入定した師弟は、そのまま乾燥期に入り、やがて積雪に埋もれて越年した為ミイラ化して、長い間そこに安置されていたという。案山禅師は甲州都留《つる》郡の人でこの時七〇歳、その後を追った弟子の久圓も座禅を組んだままの姿であったと伝える。しかし、富士山頂の厳しい風雪によって次第に枯骨と化し、やがて宝永噴火の際に谷底深く落ちこんでしまった。久圓はもと山賊だったともいう。

（5）食行身禄《じきぎょうみろく》……富士講六世を称する身禄は、村上光清と分裂抗争の渦中にあった。北口登山の拠点だった吉田浅間も、初代角行の霊跡人穴も光清が掌握していた事実から、「この上はただ、お山にて入滅せん」と決意する。死んでその純一な至誠を永遠化しようとしたのである。享保一八年（一七三三）六月一三日、白の行衣に白の野袴で登山し、頂上で厨子を組み立てて行に入ろうとしたが、大宮浅間の手代に断られて七合目まで下り、烏帽子岩の陰で断食に入った。この時六三歳。弟子の田辺十郎右衛門がつき従い、師の死去するまでの三一日間、その教えを筆録した（これを『三十一日の巻』という）。最初は一日に雪を一椀だけ口にしたが、後にこれもやめた。こうして小さな厨子の中で入定した身禄は、ミイラ化して、後の身禄派の興隆までひそかに拝み続けられることになる。しかしながら反対派によってミイラが壊される事件が発生し、以後、石棺に納めて石室の下に埋め、その場所は一子相伝して他人に知らさぬようになってしまったという。

食行身禄像

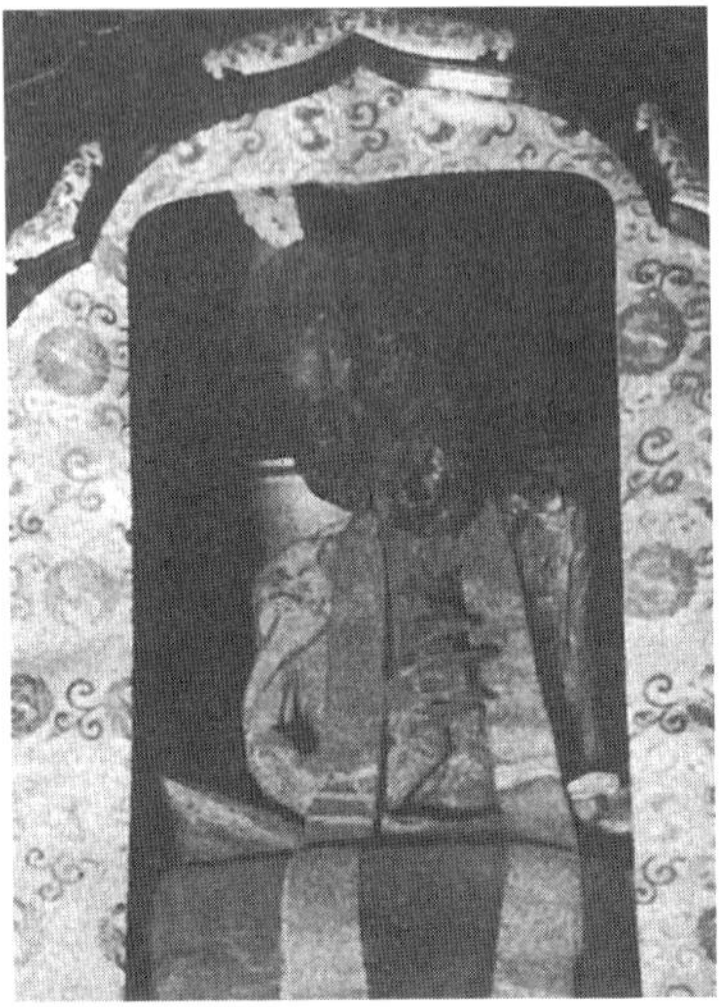

妙心法師のミイラ

（6）妙心法師……富士信仰者として唯一残るミイラの主で、祀られている場所は彼の故郷岐阜県揖斐《いび》郡谷汲村の横蔵寺である。彼は寺の近くの神原に生まれたと言い、天明元年（一七八一）生まれ、古野小市郎と名乗ったが、一七歳の時に諸国巡礼者となって信濃の善光寺で仏門に入る。やがて各地の霊山を巡るうち、富士信仰に傾注して富士行者となり、山が良く見える東北の道志村に居住する。そして御正体山（標高一六八二メートル）に登り、山頂近くの洞窟にこもった後、上人屋敷の地に庵をたてた。日常の食事はソバ粉を湯か清水でといて食べるだけの無欲さだったと言い、三六歳になった文化一四年（一八一七）三月、白木の棺に座して断食行に入った。入定日は三月三一日と言い、そのまま即身仏になったので、ミイラは久しく小堂に祀られていたが、明治維新後に山からおろされ、山梨県庁に安置されたり県立病院に移された後、明治二三年五月に故郷の横蔵寺に一堂を建てて遷座したのであった。ミイラは舎利堂内部のガラス張りの厨子に納まり、足は結跏趺坐《けっかふざ》し、手は合掌し、首を軽くかしげ、半ば口を開けた状態で永遠の眠りについている。

（7）一陽法印と円蔵院……富士宮市山宮の紅葉天神のぬし（一陽坊）は、入定にあたって石棺の中に自分から入りこんで鉦を叩きながら死んだと伝えている。その遺跡を調べてみると、天神さんの背後の丘上に富士山の巨大な火山弾を墓石とした二つの石が並んでいる。

一陽坊の鉦叩き塚

一つは天保二年（一八三一）九月、もう一つは天保六年で村山の円蔵院茂勝と刻まれている。村山は末代上人がミイラになった富士山修験の地である。そこでこの行為はうなずけたが、一陽坊はどちらだろうか不明だ。仮に天保二年の方を伝説のぬしと考えて、ここには二体のミイラが今も地中に眠り続けているのだろうか、想像をたくましくするほか無い。

（8）義賢上人……伝記不詳の行者である

が、相当多くの支持者がいたらしく、江戸増上寺・御殿場市の善竜寺・富士宮市の大頂寺・同村山の大日堂などにゆかりの痕跡を見い出すことが出来る。たとえば天保一〇年（一八三九）五月から富士山頂で入行（修行）した事が、村山に残る仏像の銘文によって判明している。奉納者は鑑蓮社九世の願誉圓海。この時すでに義賢は、入定を決意していたのかも知れない。と言うのは、翌年二月朔日に村山の池西坊が、雪中登山して入行中の義賢に会った際、次のような手紙を書き残しているからだ。「上人様が無言の行に入られておりましたので手紙を書いて差し上げます。富士のりと、くねんぼうを持参しました。なお入定なされたいとのご希望のようですが、ひとまず下山なされて人々に念仏を授けた上で、六月になったら登山なされて雷ケ岳に行場をこしらえ、入定なされるよう一同願いあげます」。だいたい以上のようであるが、文面を詳細に検討していくと、その前年に頂上大日堂の役人が入定を阻止したらしい事、雷ケ岳（釈迦の割石の南に当たり噴火口の西方）なら良いと言われたらしい事、手紙は二月のことであるから頂上には至らぬ途中で入行して越年している事、などがわかる。そして池西坊の願いが叶ったらしく、彼の死は天保一一年一二月六日だった事が、御殿場市中畑の善竜寺の位牌によって確認されている。しかも同寺には、富士山中腹から発見されたと伝える石碑「義賢」の文字入り、一九センチ残欠が保管されている。彼の入定地に建てられた物かもしれないと思うが、詳細は不明である。

しかし『明治往生伝』には、越中立山にて命終せられ…と書かれていて、疑問が多い。ただわかる事は、幕末の念仏修行者だった滝沢唯念が、文政一一年（一八二八）に富士山頂で初めて義賢と対面し、その弟子となって参篭修行した事が知られるだけである。以上から推察すると、彼が究極の霊地であり、修行道場と考えていた富士山中で入定して肉身仏にならんと願い続けてきた事は疑いなく、頂上での入滅が叶わず中腹（経ガ岳辺り？）で目的を達したのではないかと考えられる。

前述した身禄でさえ頂上の釈迦の割石で入定しようとしたところ、「延宝の入定でお山が荒れて大変だった」と断られているのだ。お山は清浄無垢のご神体ゆえ穢してはならぬという考えと対立する入定死の結末は、今なお不明の部分が多い。

富士登山の第一号はだれか

富士登山を最初に実行したのは、だれであろうか。諸説あるが今迄のところ、聖徳太子と役《えん》の行者の二人が伝説的な地位を争っている。それに続くのは、平安時代の前期に山頂へ登って噴火口の内部をのぞいた者が語ったという『富士山記』――これをまとめたのは都良香《みやこのよしか》という文人であるが、書かれたのは貞観六年（八六四）の大噴火の直後だったろうと考えられている。

記録として重要なこの体験者を第一号とするむきもあるが、聖徳太子の登山伝説はそれより二六六年も前のことと言われるので、まずこの辺りから目を向けていってみよう。

（1）聖徳太子は馬に乗ったまま富士登山

推古天皇六年（五九八）九月のこと、諸国から献上された良馬の中から一頭だけ選んで、太子の乗馬として調練した。その成果を見ようと太子がムチを当てたとたん、黒馬はふわりと雲に乗ってすごいスピードで天を走り始めた。手綱を持った調使麿も一緒に空を走り、そのまま富士山頂へ到達したというのだから、とても本気に信じられない話であるが、『聖徳太子伝暦』はまじめくさって報告している。延喜一七年（七九八）に藤原兼輔《かねすけ》が「直ニ附神《ふじ》岳上へ至ル」と書いたのも、それ以前からこの話が存在したことを証している。太子が乗った黒駒は、甲斐国（山梨県）から献上されたもので、全身が真っ黒で四足だけ白かったという。その伝説にあやかって、東八代郡上黒駒の照願寺に太子の愛馬が葬られたといい、この馬を飼育した所は笹子峠の西の駒飼《こまかい》の地だという。

空をとぶ聖徳太子像

　また、富士吉田市の聖徳山福源寺は、天馬に乗って富士山頂へ来た時、太子が手にした法華経を落とした所だと伝える。さらに同市の如来寺にはこの時の様子を伝えた太子像と神馬が残されている。もと富士山七合三勺の「駒ガ岳」に奉納されていた青銅製で、江戸の大久保十三夜講が寄進したものを、明治時代になって同寺へおろし祀ったものだという。なお、南口登山道のある須山では、黒塚が太子の乗った黒駒の遺跡だと伝え、天正年中（一五八〇頃）まで太子の像を祀った堂宇があったという。伝説は生きていたのである。

（2）役の行者は一夜で登山した？

聖徳太子から約一〇〇年ほど過ぎた奈良時代に、当代随一の奇人役《えん》の行者（小角）が、伊豆大島に流刑となってくる。罪名は鬼神を使って世人を惑わしたというのだが、大和の葛木山にこもって孔雀の呪法を体得したという仙人のような生活をしていたようだ。彼は昼はおとなしく島に居たが、夜になると海上をひとっとび、富士山へ登って朝方までには帰ったと伝えている。『日本霊異記』によるとその様子は「ときに身海上に浮きて、走ること陸を踏むがごとし」と書いている。さらに富士山との関係については「夜は駿河の富岻《ふじ》巖に往きて修す」というのだから、よほど奇行が目立ったのであろう。彼はやがて許されて、大宝元年（七〇一）に亡くなるのだが、そのことを「仙となって天に飛ぶなり」と表現している。

この彼を富士修験の徒は、開山第一号の称をおくり、富士宮市元村山には慶長一三年作の等身大木像が祀られている。すなわち、京都聖護院の門流として位置づけていたのである。

したがって、富士山麓には、いくつかの伝説と遺跡が語られており、太子伝説よりも現実的にあり得る話として伝わっている。その第一は御殿場市増田の青竜寺に、悪竜を退治してその霊を祀ったといい、進んで須走村で二匹の鬼を退治して家来にした。前鬼・後鬼といってその後いつも行者に従うことになる。

さらに北麓へ回った行者は、西湖の北にそびえる十二ガ岳で修行してから富士山頂に至ったともいう。十二ガ岳の行堂から見る西方に、鬼ガ岳があり、そこに二匹の鬼が住んだと言うのだが、島流しの刑に処せられた彼にふさわしい奇妙な付会伝説と言えよう。

富士山踏破の役の行者

（3）噴火口の中に神池を見た登頂者

平安時代に入って何度か噴火する富士山に対して、世人や山岳密教の修行者や朝廷の人々が、異常な関心を持って接していくようになるが、『富士山記』をまとめた都良香は元慶三年（八七九）に死去したから、その一五年前の噴火に関する調査資料として、登頂体験者の語るところを書いたのであろう。しかし、それがどのような立場の人だったのか、まるで分からない。

山頂の様子は漢文で書かれている。登りきると池があり竹（苔？）がはえており、そこは平地で進むと巨大な窪地が口を開けている。内部にまた池があり、その底部では熱湯（溶岩？）がにえたぎっており、純青の蒸気が噴き出している。遠くから見ると、煙と火が見える。昔役の行者が山頂まで登ったというが、現在は登る者は無い。

以上の記述でも分かるように、この頃すでに役の行者が登山第一号として信じられていたのであった。しかし登らんとする者も「腹下に止まる」といい、山麓であきらめてしまうのが現実であった。したがって、伝説すぎる役の行者の存在ではあるが、ひとまず彼を登頂第一号として本書には登録しておくことにする。

日蓮の登山伝説と二つの経ガ岳

日蓮上人が富士山北口から登山し、五合五勺の経ガ岳に経文を埋め、姥《うば》ガ懐《ふところ》と呼ぶ岩陰で修行したという伝説は、『甲斐国志』や『本化高祖年譜』によって知られている。

それによると、文永六年（一二六九）に吉田の塩谷平内右衛門の家に宿泊し、翌日主人の案内で中腹まで登り、山頂を拝した。ここから上は溶岩地帯となる。日蓮上人は姥ガ懐の小さな岩穴で風雨をしのぎながら天の啓示を受け、やがて自筆の経王全帙を近くの経ガ岳に埋めて去ったといわれる。現在そこには小堂が建てられ、内部に上人の石像が祀られている。

姥ガ懐という地名は、お婆さんの懐に抱かれたように温かい場所を示す言葉で、富士南麓では富士市大渕の「次郎長開墾」（清水次郎長が明治維新後に侠客をやめて、富士裾野の開拓に情熱をそそいだ所）の近くにも存在する。日蓮伝説の地は、おそらく山中で激しい風雨に襲われた時などに身をゆだねる場所だったのであろう。

経ガ岳で修業する日蓮

ところで経ガ岳については、もう一カ所表口（南口）の五合五勺に存在していた。その遺跡は明治の神仏分離令によって叩き壊されてしまったので詳細は分からないが、幕末の万延元年（一八六〇）四月に祖師堂を建立し、六月に尊像を里から運びあげて奉安したという記録が見つかっている。

その施主は、富士宮市大泉寺の日遂上人といい、同寺は日蓮上人が身延入りする際に止宿した由比五郎家によって建立されたと伝えるので、その因縁から発したことであろう。しかし、その本質に迫ってみると、実はその年七月に外国人オールコック（英）が登山する事になっており、神霊富士が異国人に犯されると感じた当時の人々が、日蓮上人による蒙古来襲の調伏を思い出して、もう一度おし寄せる外禍をはね返してほしいと願った行為だったのではなかろうか。大泉寺文書によると、六月一三日に雨中をついて祖師像は出発し、四〇〇人もの群衆がこれを見送った。当日は村山へ四〇人ほどが止宿。翌日は二〇人ほどが経ガ岳まで同道して登り、鎮座がおわって帰ったのは一七日だったという。

このように五日がかりで奉安した日蓮上人の木像は、後に京都へ運ばれて孝明天皇に天覧されたので「天拝の祖師像」と呼ばれるようになる。文久元年（一八六一）二月のことである。ところが明治維新後は山中の仏教遺跡が弾圧され、破壊され始めたので、祖師像はすぐさま寺に持ち下して難を逃れたが、お堂は破壊される運命にあった。

これと同様の事は、北口の経ガ岳でも行われて大岩に刻まれた題目の文字は叩きつぶされ、堂宇も壊されてしまった。しかも塩谷家の邸前にあった題目碑まで叩き壊され、日蓮宗を改宗せよと強要されたというひどい状況にまで追い込まれた。そこで長年つとめてきた御師職を廃業するに至っている。この暴虐な行為は、世に「廃仏毀釈《はいぶつきしゃく》」と呼ばれて、富士山中の仏像などが一掃された大事件であった。

富士山に住む天狗たちの正体

富士山天狗が、記録に初めて顔を見せるのは、室町時代の永正八年（一五一一）八月のことである。河口湖の南岸小立の妙法寺の住職が、その時のことを次のように書きとどめている。

「大原へ天狗共寄テ、三度時ノ声ヲ作ル也。村ノ人々皆舌スクミテ、物云事アタハズ」

つまり三度にわたって鬨《とき》の声のようなワァーッという音が響きわたったというのだ。こうした大音を天狗が発するという考え方は、まず『日本書紀』に見られる舒明天皇九年二月の条が最初である。この時大きな星が東から西に流れ、雷鳴がとどろいた。それを占った旻《みん》という僧が、「これは天狗の吠え声である」と言った、とある。流星の発する音だった事はこれで判然とするが、富士山天狗の場合は何だったのだろうか。『妙法寺記』は続けて、「富士山ノカマ岩燃ル也」と書いており、両者の関連についてふれていないが、同月の事から考えてみると、中腹の鎌岩が異変を起こして噴火噴煙をあげた際の「怪音」だったと考えるのが自然である。鎌岩は吉田口六合目から七合目にかけて流れ下った溶岩塊であり、側噴火のひとつである。この異変からずっと下った文化一二年（一八一五）に編さんされた『甲斐国志』に「此ノ岩間ヨリ今モ時々煙立ツコトアリ」と書かれているが、こうした不思議を示した場所だけに、北口の富士修験者はここをカンマン岩と呼んで修行霊場の一つに数えていた。

富士山の天狗画像

伊藤堅吉氏の『富士山御師』によれば、彼らの山中練行の場は、天地の境と称する不浄ガ岳と、神満岩《かんまん》と、頂上釈迦の割石、その他二カ所だったと記している。このように富士修験と天狗との接点が見い出されるのだが、では富士天狗はどんな場所に祀られているだろうか。ぐるりと見回してみると、まず北面スバルライン終点にある小御《こみ》岳《たけ》神社には、大天狗と小天狗が祀られている。その由緒を調べてみると、古くはふもとの鳴沢村の魔王天神社の境内にあった太郎坊の小祠を中腹に移したもので、小御岳権現と称したことが『甲斐国志』に見える。そのくだりに「享保ノ比マデモ太郎坊正真ト号シテ小社ナリシガ、近世年ヲ累ネテ尊信スル者多ク、造営益々盛大ニナリ殿宇軒ヲ重ネケル」とあるから、もとは鳴沢村が祀っていたのであった（現在は山梨県富士吉田市）。

では、この太郎坊とは何なのかというと、京都の愛宕山の天狗を指すのだと『俚言集覧』にある。この天狗について調べてみると、富士南麓の元村山に太郎坊権現の像が伝えられており、その姿はカラス天狗で白狐に乗った恐ろしい図である。村山浅間神社の宝物になっているが、もとは表口登山道の途中の高鉢山（高八山とも書く）に祀られていた天狗さんだという。明治の廃仏毀釈で里人の所有になったが、所有者に悪い事ばかり重なるので、転々とした後、ここに奉納されたというイワク付きである。彩色は剝落しており、室町時代頃の画像と思われる古色がある。

これについて江戸時代の文久元年（一八六一）四月に村山三坊から出版された木版本の『富士山開帳御宝録』を見ると、「太郎坊権現画像」と記されている。また別の所に太郎坊の地名が残されている。東麓御殿場口登山道の一合目付近（標高一三〇〇メートル）に当たる。

もと登山者の休泊地であり、太郎坊権現の社堂があった。その近くには、寄生火山の赤塚（標高一三七四メートル）や馬の頭（同一二一八メートル）があり、右手上方には延暦二一年（八〇二）に噴出したと伝える小富士が存在する。

このように太郎坊なる天狗を祀った所が、富士山各地に存在した事は何を意味しているのだろうか。さらに須山口を登った宝永山の下方に、飯綱《いいづな》権現が祀られていた事が知られ、これは信州戸隠山の飯綱三郎のことであるという。これも白狐に乗ったカラス天狗である。つまり太郎坊と同系の天狗である訳だが、それとほとんど同じものに遠州秋葉山の三尺坊がある。ただし、三尺坊は妖怪のたぐいではなく、寺伝によると信州戸隠山で修行した修験者であり、後に霊威を身につけて火伏せの神仏として白狐に乗って天狗の姿で出現したのだという。そして最初に記した愛宕山の祭神は雷神であり、防火の守護神である事を知ると、これらはすべて防火防災の信仰をもっていたのではないかという一点に集約されてくるのである。

つまり小御岳神社は小御岳火山の噴頂に位置しているし、高鉢山は標高一七〇〇メートルの寄生火山であるし、飯綱さんは宝永山の近くで眼前に爆裂火口と宝永山を仰ぐ位置に祀られていた。さらに、鎌岩は噴火地点であった事などを総合すると、富士山天狗は山頂に座す浅間大菩薩のような偉大な神仏とは別に、もっと身近な庶民の鎮火の守護神として、これを奉戴する山伏修験が造りあげた「土俗神」だったのではなかろうか。

もっとも天狗そのものは、一般的には仏道修行の邪魔をする妖怪の一種と考えられており、それがやがて修験道と結びついて、山伏と共通した頭巾・鈴掛・結袈裟などを着て出現するのは、山林で霊力を得た山伏が究極的に天狗に化して庶民を救済するという思想が育っていったからではなかろうか。その場合、富士天狗は富士山において火防神としての役割を与えられたのであろう。

ただし、富士山中の林間に住む天狗たちの多くはイタズラ者であり、古老が語る話は、大風と共に大木を吹き倒し、小屋に石つぶてを投げつけ、驚いて戸外にとび出してみるが、何の変化も物音もしないという「天狗の空木《からき》倒し」や「天狗つぶて」の話であることが多い。

その一方で、お山を汚す者を罰する者としても語られ、江戸の学者原徳斎が文政一一年（一八二八）に表口村山から登山した際、山中で用便をしたくなった時に、案内人の強力がこう教えたという。「鼻高様が住んでいらっしゃるから、お山を汚さないように懐中紙を地に敷いてなさいませ」。その文の末尾に彼は「これを守らねば、ときとして怪事もまま有るとぞ」と書いている（『富岳行記』）。

この場合の天狗は、山を守る者として存在する目に見えぬ精神的な禁忌だったのではないかと考えられる。そしてそれは山をすみかとする富士修験そのものだったかもしれないのである。そして、今天狗は富士山中にすむ場所を与えられず、その存在を信ずる者もいない状況である。

英国航空機の墜落と乱気流の謎

昭和四一年三月に富士山上空で突然、空中分解したＢＯＡＣのボーイング七〇七機は、御殿場口の太郎坊付近に墜落して、機体はまったくばらばらになり、乗員と乗客一二四人が全員死亡した事件として今も記憶に新しい。

その原因は何だったのか。当時の調査団のまとめた報告によると、同機が予定コース（羽田→香港→ロンドン）を逸脱して富士山に近寄りすぎた為、乱気流にまきこまれて、予想以上の突風荷重を受けた為だとされている。富士山の南東上空における乱気流はよく知られており、それを回避すべきだったのに、機長が乗客サービスとして富士山上空を通過しようと

西風で東にかたまる雲

して、この災禍にあったのだとも言われた。

この乱気流というのは、富士山が周囲に何もない孤立峰である為、いつもまともに風を受ける状態にあり、特に西風が強く吹いて山頂を越えた時、斜面をのぼってくる気流や山体を回ってきた風と激しくぶつかり合い、一時的に風速が加速されたり上下に激動する空間のゆがみの事を言う。

私がセスナ機を利用して航空写真を撮る時には、太郎坊上空付近を「魔の地帯」と称して敬遠して大回りしたものだが、一度だけどうしても宝永火口と宝永山を撮影する絶好の空間を得たくて、操縦士の大久保博氏に無理を言い、風向や風速を確認した上で「大丈夫」との確信を得て飛行した事がある。それでも、ある地点で機体はガクンと大きく降下して肝を冷やした経験がある。また山頂と噴火口を撮りたくて、その上空四五〇〇メートルの高度を横切った時、機体はフワリと上昇したのである。

つまり強風が富士山に当たった時、一部は斜面に沿って上昇し、山頂上部の気流をおしあげ、山頂を越えると下向するので、上空は常に大なり小なり乱気流が生じていると考えなければならない。では山頂を吹く風は、どのくらいの強さがあるのだろうか。過去の最大風速（一〇分間の平均風速）で見ると、昭和一七年四月五日に記録された七二・五メートルであり、瞬間最大風速ともなると九〇メートルを超すだろうといわれている。

山頂の天候が安定するのは七月から八月であって、この登山期を過ぎると風が吹きあれて、冬期になると一日中風速二〇メートル以上の烈風が吹きすさぶのである。事故のあった三月の平均風速を見ても一九メートルほどだから、要注意のはずであった。しかし、具体的に事故当時の乱気流について証明する何物もなかった。

そこでこの乱気流の解明に歳月をかけた相馬清二氏により、ＢＯＡＣ機を空中分解させた気流が重力の四倍以上の破壊力をもち、上空四九〇〇メートルの水平方向に秒速八〇～九〇メートル、垂直方向にも秒速三〇メートル以上の乱気流が発生したことを、気球実験などによって立証した。これにより初めて、山頂の最大風速七二メートルよりも強力な乱気流の存在が確認されたのである。

晴天の富士に乱舞する雪煙は、こうした上空の強風をしらせる大自然の信号なのである。

だが、ボーイング七〇七機の墜落については、もう一つの謎が、地元の人達によって、ささやかれている。ボーイング機が乱気流にまきこまれる以前、乙女峠の上空から妙に低下していたことだ。バラバラと何かを落としながら、降下していたという。御殿場市永塚の渡辺健二氏の証言によれば、彼の所有地に、機体の破片二枚が落下した。玉穂小学校の校庭には椅子が落ちたという。機体の異変は、それ以前から発生していたと考えられ、その弱った機体が、乱気流によって一挙に破壊・分散されたのかもしれない。そうした歴史の真実は、今もなお謎を秘めたまま、それ以上のことは語ってくれない。

今も崩れ続ける大沢の怪

富士山大沢崩れは、静岡県と山梨県とを分断する境界線であるとともに、その深い谷底は今なお浸食され続けて、深さ一〇〇メートル以上、一日に崩落する山体の土石量は約三〇〇トンと推定されている。そして、この調子で崩壊が続いていくと、やがて一〇〇〇年後には源頭部が頂上にまで届き、山頂が真っ二つにさけてしまうのではないかと心配されている現状である。

この大沢は崩壊を始めてすでに一〇〇〇年ほどたっていると言い、その間一億八〇〇〇万トンの土砂が流失したと、建設省富士砂防事務所では推計している。大沢の名が定着したのはいつ頃か判然としないが、奈良時代にはすでに音をたてて崩れていたらしく、『万葉集』に「さぬらくは玉の緒ばかり恋ふらくは富士の高嶺の鳴沢《なるさわ》のごと」と歌われて、鳴沢の名が出てくる。また室町時代の『藻塩草』には「富士から砂ふることあり。そのなる音を鳴沙といふ」と書いているから、鳴沢・鳴沙《なるさ》と呼ばれた時代があった事がわかる。

上空から見た大沢

そしてその北方の里を鳴沢村という。

面白いことに中国の書物『義楚六帖《ぎそ》』（平安中期ごろ）にこれと関連したことが書かれている。「日中は諸宝（砂）が流下し、夜には上に戻る。常に音楽が聞こえる」というのだ。音楽とは鳴沙の音であろうが、昔人は山上から落ちた土砂は一晩のうちに元に戻ると信じていたようである。

ところで静岡県の文献で見ると、元禄年中（一六八八～一七〇三）上井出村の絵図面に「無間谷《むげん》」と記されており、同じ頃と思われる野中村の村鑑《むらかがみ》に「無間ケ谷」と書いているから、無限の深さを持つ恐怖の谷という感じが良く出ている。それというのも大沢から流下した土砂や雨水は、西麓の上井出地区を襲い、やがて潤井《うるい》川に流れこんで河床を上げ、富士宮市に災害を及ぼす悪の元凶以外の何物でもなかったからである。

では、その沢について江戸時代の富士講の人々はどう見てきただろうか。弘化四年（一八四七）に書かれた長島泰行の『富士山真景之図』によると、大沢渕・大沢の御前・鳴沢と書いて、新旧二つの名を用いていた事がわかる。その文中「山の上は釈迦の割石と剣の峰の間より、駿州富士郡広野まで一条の凹沢ながれて、削る如く大きなる石、砂石とも転び落る声雷鳴の如く、尚譬《たと》うるに足らず。小石落ちる音は、煙霧の中に有るが如し」というから、よほどの驚きだったのであろう。お中道巡りをする者は、ここで先達が呪力をもって落石を止め、その間に道者（登山者）を渡したというが、両岸が狭い岩樋部を渡る時、頭上を落下してくる石の存在を砂煙で見分けてサッと渡る体験は、今思い出しても冷汗ものである。

この巨大な崩壊のメカニズムを一言で説明すれば、新富士火山が噴出した溶岩（玄武岩）とスコリア（砂礫・岩屑）が交互に積み重なったサンドイッチ状で山体が形成された為、もろいスコリア層が崩れ始めると、あとは雨や風や地震や結氷などの動きで際限もなく崩れおちてしまうのである。特に大雨による崩壊はすさまじく、下流の扇状地に二メートル大の岩が濁流と一緒に、ガツンゴツンとぶつかり合いながら転がっていく様子は、恐怖そのものである。昭和三四年八月に襲来した台風七号による土石流は、ただ一回の出水で四万トンの土石を扇状地へおし流したといわれる。

なお津屋弘逵氏は、大沢崩れの上部「馬の背山」と大内院との間に厚さ一五〇メートルの溶岩壁があり、それが毎年一〇センチ削られても全部がなくなるには一五〇〇年を要するだろうと『富士山の地形・地質』で述べているので、参考に供する。

第二章　富士山信仰のあれこれ

全国の浅間神社のもとは富士山

浅間《せんげん》神社という名の社は、全国に分布してその総数は一三一六社、すでに名前の消えたものを加えると一八三三社に及ぶという宗教圏を形成している。ただし、その分布図を見ると、ひどいかたよりがあるのに気付く。つまり富士山を中心とした東海・関東地方に集中していることである。

これはひとつに富士山を仰ぎ見たり遠望できる圏内に多いことを意味しており、富士の名を付けた地名などが散在する（富士見町、富士見坂、富士見台、富士見茶屋、富士見松、左富士など）。

これに加えて富士信仰の集団「富士講」の分布とも、じつに良く一致していることを見逃してはならない。つまり浅間神社と富士山とは、切っても切れない縁があったのだ。

富士山本宮浅間大社

ではその浅間神社とはどういう性格の神社だったのかというと、総本社である富士宮市の「富士山本宮浅間大社」が、なぜ祀られるようになったかという原点をさぐれば良く理解できるだろう。第一章で述べたように、それは噴火する荒ぶる神アサマ（浅間）を祀って、富士山が爆発することを鎮めようとした事に始まる。そのため初期に成立した浅間神社は、ほとんど湧泉のほとりか湖水のほとりなど富士山の雪どけ水に関与する土地に建てられている。灼熱の溶岩を流し、頂上に火焔を噴きあげていた暴火に対する水の思想、あるいは山体（陽）に対する泉（陰）の思想が、大きな意味をもっていたのである。

それがやがて富士登山の風潮とともに周辺に広がっていくと、はじめは池泉のほとりに勧請するが、遠く離れていくにつれて、そうした意味よりも富士山を遥拝できる小高い丘の上などに建てられるようになっていく。

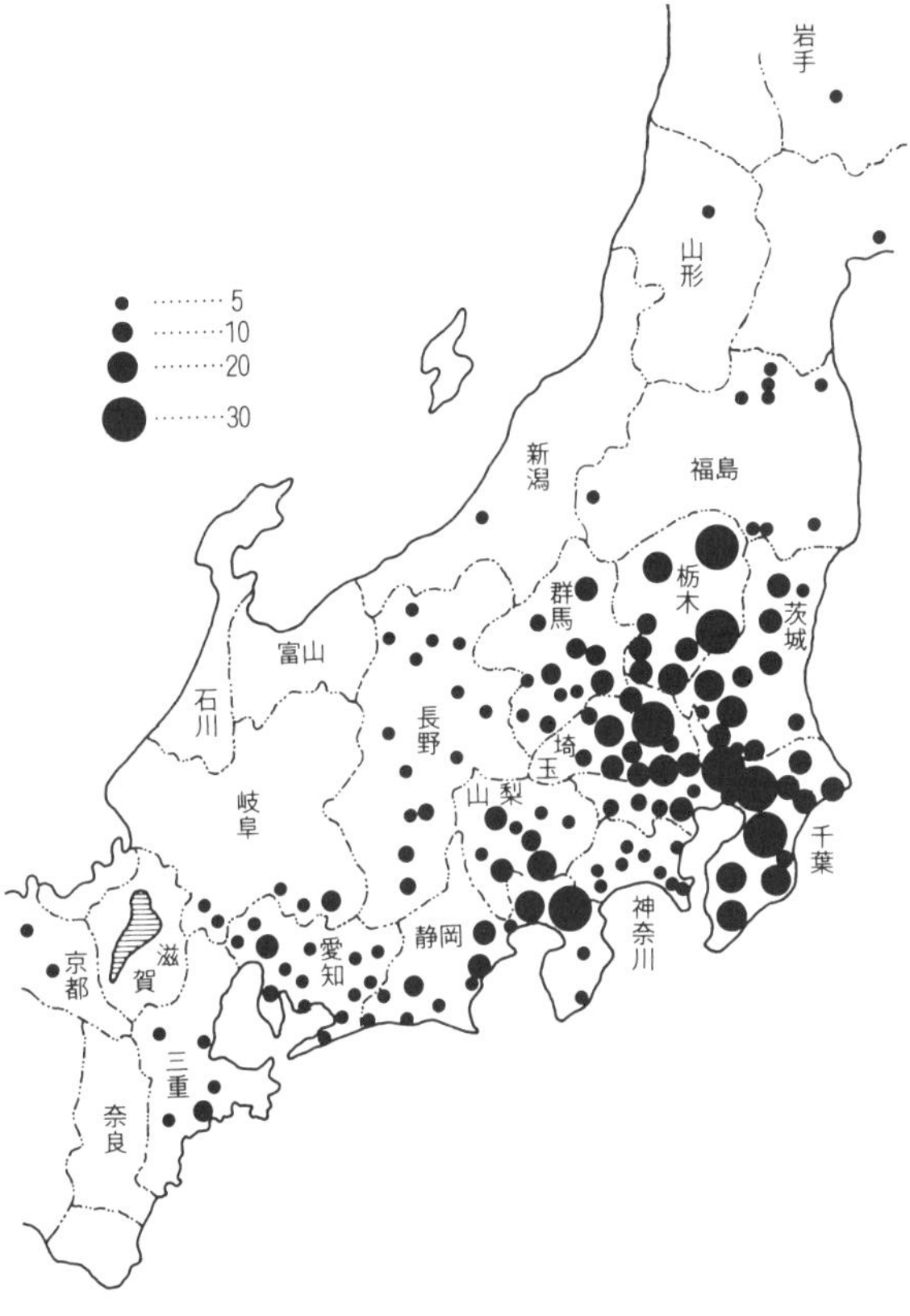
5
10
20
30
岩手
山形
新潟
福島
栃木
茨城
群馬
富山
石川
長野
埼玉
山梨
岐阜
千葉
神奈川
静岡
愛知
滋賀
京都
三重
奈良

浅間神社分布一覧

『新篇常陸風土記』をみると、「中世以後、関東ノ風俗ニテ塚ヲ築キ、富士権現ヲ勧請《かんじょう》スルモノ所々ニアリ」と書かれている。茨城県での信仰であるが、そこには一〇九社が祀られている。もっとも多いのは千葉県で、二五七社、次が埼玉の一八五社、静岡県は第三位で一五〇社という順である。ただし静岡県の場合は大社が一〇二を占めて特異な存在であるのに対して、関東には小社がほとんどである。

なお、西には愛知の五八社、三重の二五社などが見られ、これらすべてが浅間神社の祭神である富士山そのものを信仰し、その神として浅間大神・浅間大菩薩・浅間明神・木花咲耶姫などを分霊勧請したのである。

ところで本家の浅間大社は、日本武尊《やまとたけるのみこと》が山宮の地に祀ったものを、平安初期の大同年中(八〇六~九)に現在地に移したものという社伝があるが、正式な記録にあらわれるのは、平安中期の延長五年(九二七)に編さんされた『延喜式』が最初である。その神名帳によると、富士郡三座があげられ、浅間《あさま》神社・倭文《しどり》神社・富知《ふじ》神社の存在が知られる。

こうした中で富士山噴火との関連をよく物語っているのは、『三代実録』に書かれた貞観六年(八六四)の大噴火で北西麓に横たわっていた大湖セノウミを溶岩が埋めた翌年、山梨県にも浅間明神社を祀るべしという宣託があったという記事だ。ある日突然、伴真貞という男に神がのりうつって、その体が六〇センチに縮んだり二メートル以上に伸びたりしながら、「浅間明神をまつれ」と叫んだという。そこで早速、社殿を建てたところ、しだいに噴火は静まっていったというのである。

その古社がどこかというと、現在三社が名乗りをあげており、河口浅間（南都留郡）・一宮浅間（東八代郡）・勝山浅間（南都留）がそれぞれ『三代実録』に書かれた貞観七年一二月九日勅命によって「甲斐国八代郡立、浅間明神祠」に該当すると称している。その決定に当たっては、富士山の霊水と深く関与していなければならない。

なお、富士登山道の入り口にはすべて浅間神社が祀られており、南に富士宮と村山、東に須山・御殿場・須走、北に上吉田と下吉田・河口・勝山、というふうにぐるりと山体をとり囲んで建てられ、富士山をご神体として崇拝し続けてきたのである。

埋経・埋銭の山―掘り出された信仰史

富士山は全山信仰の対象であったことから、山頂といわず噴火口も沢も溶岩流の固まりも、ちょっとした水の溜まり場も、すべて神仏が宿っていると考えられた。そして、そこには賽《さい》銭《せん》があげられ、仏像が奉納され、経文が埋められた。時にはひそかに銭を埋める事もあったようだ。

そうした行為の始まりは、まず役の行者の登山伝説による霊跡の発生と無縁ではない。たとえば、中腹で喉がかわいて困っていたら、白猿があらわれて水のしたたる岩に案内してくれたと言い、それが表口七合五勺の荒神《こうじん》岩だと伝えている。また、近くの屛風岩は、烈風に悩まされた時に風をさえぎってくれた岩と伝えるが、その根元から多量の古銭が発掘されたのも、行者を慕う後世の人々の願いがこめられていたのであろう。しかし、役の行者伝説は、ほとんど後世の付会であろうから真の山岳仏教の定着と埋経の事実は、末代上人またの名を富士上人と呼ばれる偉大な僧の出現を待たなければならない。

末代は平安後期の人で、伊豆山や白山で修行した事もあるというが、もっぱら富士登山に生涯をかけてその一生に登山数百度、山頂に大日寺を建てたことが『本朝世紀』久安五年（一一四九）の条に見える。そして、関東の庶民にすすめて一切経を書写させたり、鳥羽法皇にすすめて宮中で大般若経を書写させ、さらに法皇自筆の如法経を山頂に埋めたことが書かれている。こうした埋経は何度にもわたって、各地からの信者の経文を背に登山しては、山頂のどこかに納められたことであろう。その地点は明らかでなかったが、昭和五年八月に頂上三島ガ岳の南で、思いがけない発見があって世人を驚かせた。

偶然に大きな岩塊をとり除いた際、朽ちた木箱が発見され、内部からたくさんの経文が水びたしの状態であらわれたのである。経筒も三本あったが腐食がひどく、他に土器も含まれていたという。その経文類を丹念に調査した結果、「承久（一二一九～一二二二）」の年号と「末代聖人」の文字が発見されたので、これは末代の遺跡ではなく、彼の跡をついだ熱烈な信者か行者によって埋経が続けられていたことが、突きとめられたのである。

その後、太平洋戦争の末期にも敵機確認のレーダー取り付け工事中に、山頂で溶岩塊を砕いたとたんに経文類の入った木箱を発見したというが、軍の極秘行為であった為に人夫には

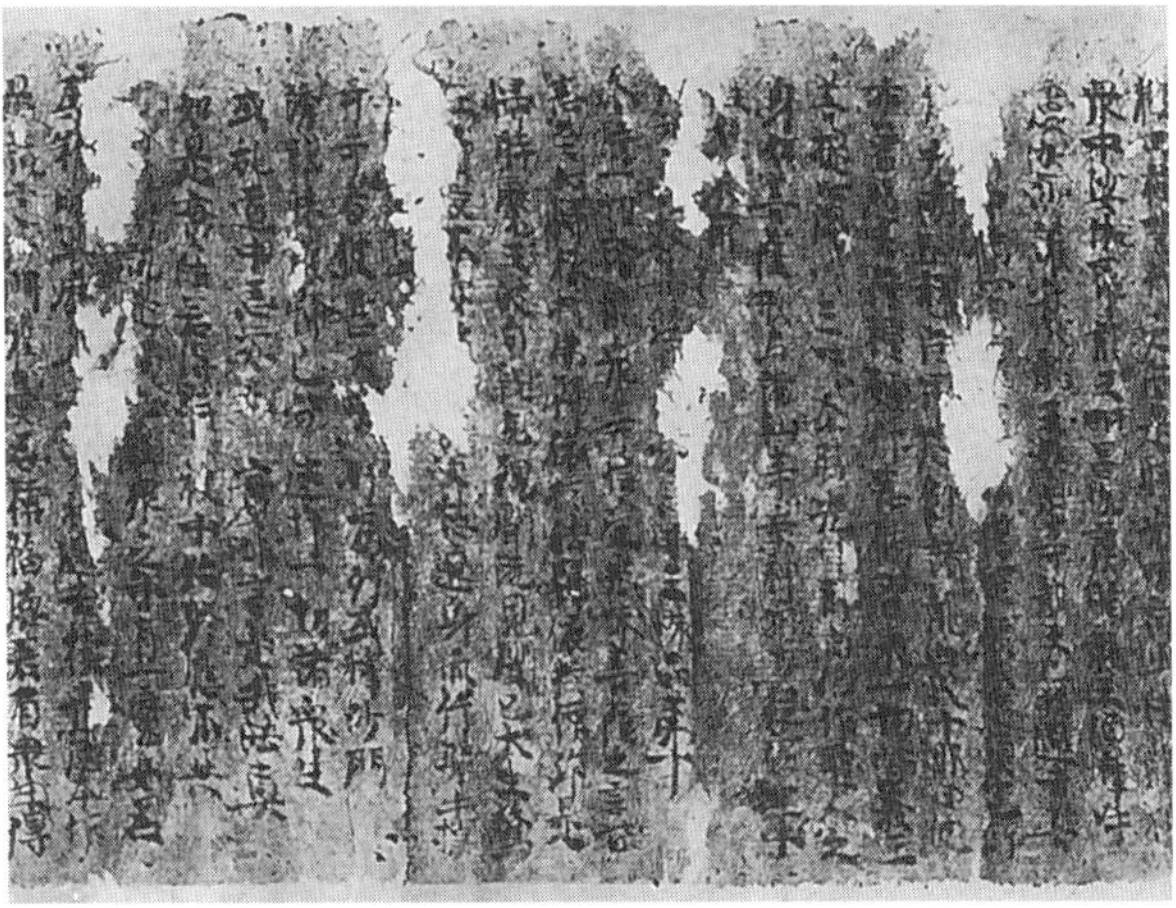
山頂で発見された経巻

口止めされて、うやむやのうちに再び埋められてしまったと聞いている。こうした埋経の事実は、吉田口五合五勺の経ガ岳の名が示すように、日蓮上人の埋経を伝えており、今後いかなる場所から新発見されるか見当もつかないのである。

さて平安から鎌倉にかけては、もっぱら写経による埋経が主流であったようだが、室町時代に入ると富士信仰はさらに広範囲となって、山頂への仏像寄進となってあらわれる。その銘文によって見ると、駿河・相模・下総・上総・美濃・武蔵・尾張などが名を連ねる（詳しくは後述）。

そして、その頃から蓄銭《ちくせん》の思想も広まり、銭を奉納したり噴火口に投入したりして、神仏の加護を祈るようになる。噴火口に賽銭することを散銭《さんせん》と呼ぶが、同じように頂上のコノシロ池（夏期に出現してやがて消える）に奉銭したり、ひそかに埋めたりした。私がそうした古銭と遭遇したのは、昭和四二年に富士宮北高生とお中道巡りをしていた際、生徒の一人が経ガ岳の近くの崖面で偶然に発見した一五枚ほどであった。古銭は古くは平安期、新しいものでも室町期の、いわゆる中国からの渡来銭であった。

こうした信仰に発した埋経と埋銭の山である富士山は、まだまだ何か発見が続きそうである。

富士山中出土の掛仏異聞

昭和六〇年八月のうだるような暑さが続いたある日、富士山頂から一通のハガキが舞いこんで来た。山中から文明一四年銘の掛仏が発見されたというのである。ハガキのぬしは埼玉県の富士講研究家、岡田博氏で、彼は発見された掛仏を背負って山頂の浅間大社奥宮へ至り、お祓いを受けたあと、富士吉田市の郷土館へ納める大役を実行しようとしているというものであった。

このニュースは私をとびあがるほど驚かせた。なぜならその七年前、これとまったく同じ銘文の掛仏を山頂で発見したと言って、横浜の大工さんが拙宅に運びこんでいたからである。約五〇〇年前の奉納物であるが、その製作者または奉納者の居住地が千葉県木更津市であったことが、まず私の興味をかきたてた。しかも奉納されたものは八つあったと思われ、「八躰内」と刻まれていたので、今後の発見が期待されると考えていた矢先（五〇〇年の歳月から考えると七年ほどは一瞬の間）だった。

二つの掛仏に共通した銘文は「総州菅生庄木佐良津郷」「文明十四年壬寅六月日本願源春」とあり、大工（製作者）として和泉守光吉の名がタガネ彫りされている点である。しかし大きく違う点は、今回発見の物は中央に不動明王が鋳出されているのに対して、七年前発見の物は薬師如来であることだ。これは富士山頂に八つの岳があって、それぞれに神仏が祀られていたことから、八体を鋳造寄進したのだろうと考えられた。

それにしても二つの掛仏は、発見の経過が大きく違っていた。まず昭和五三年の物は山頂三島ガ岳付近で休息中に、土中に青緑色の物が見えたので土砂を除いてみたら「何かフタのような物」が見つかったので持ち下したのだと言う。ところが今回の物は吉田口登山道の補修工事中、八合目の元祖室《むろ》に宿泊していた人夫が、石垣積みの作業中に「ポリバケツのフタが出たぞ」と言った事に始まる。長い年月土中に埋もれていた為に、さびて緑青が付着していたので、そんなふうに見えたのであろう。円盤状で上部左右に、つり下げる為の環が付いていて、直径三一センチ余、重さ約三キロの見事な仏教遺物である。

発見された掛仏（薬師）

しかし、山頂に奉納されたはずの物が、どうして八合目辺りに埋もれていたのだろうか。それはつり手の片方が欠損していた事から考えて、明治七年の廃仏毀釈《はいぶつきしゃく》による仏像破壊の結果だろうと思われた。この時、多くの金仏は里に引きずりおろされたのである（後述）。それにしても、よくぞ廃仏の嵐から逃れて残ってきたものだと、いとおしい感じがする。そこでもう少し

発見された掛仏（不動）

調べを進めてみると、この二体がどこに奉納されたか文久元年（一八六一）発刊の『富士山開帳御宝録』（村山三坊）によって見ると、薬師如来は頂上六ノ岳、不動明王は御池（頂上コノシロ池）を領知する仏様だとあった。時代による変化はあったろうが、薬師ガ岳は現在久《く》須《す》志《し》ガ岳と改名され、北口終点地にあるが、出土地点とはまったく違っている。

　では最後に総州木《き》佐《さ》良《ら》津《づ》の和泉守光吉とは、どんな人物であったろうか。千葉市の沖本博氏によると、「いろいろ探索の結果、この人物は木更津市矢那四四三〇番地、大野昭八氏の先祖に当たる人物であることが判明した」と言う。幕末まで鋳物師として続いた家柄で、同家の古文書に永享七年（一四三五）清左衛門あてに、「上総国菅生庄梁住人和泉権守光吉事、為政所御造畢所補任也」とあることをつきとめたのである。

こうして五〇〇年前の富士信仰の道が、江戸をはるかに越した房総半島にまで伸びていて、東京湾越しに遠望できた美しい富士山を当地の人々が、熱い志をもって拝してきた歴史が解きあかされたことであった。残る六体の掛仏は、いつの日によみがえる事であろうか。

なお薬師如来の掛仏は富士山本宮浅間大社（富士宮市）に奉納され、不動明王は富士吉田市郷土館に納められて今日に至っている。

富士講の分裂と抗争―身禄と光清

江戸の富士講の道者たちが、大半利用した富士北麓の吉田には、今なお「乞食身禄《みろく》に大名光清」という言葉が残っている。身禄も光清も、ともに富士講行者を代表する傑出した人物であるが、その信心とは別に貴賤だけで人物評価をする世人の悲しい習性が、この言葉の中にこめられている。

ここで言う身禄とは、自分を弥勒菩薩の生まれ代わりだと称した自信たっぷりの人物であり、後に富士山中で断食入定（死）して、富士講中興の祖と仰がれるに至るのだが、その生前は何といっても貧乏であった。それに対する村上光清は、江戸小伝馬町で葛篭問屋を手広く営んでいた富裕な商人であり、その師は富士講五世の月心、彼の父親である。当然江戸っ子の信頼を一身に受けて六世をついでいる（正徳二年）。その系統は略記すれば次の通りである。

①角行―②日旺―③旺心┬④月旺―⑤月心―⑥光清
　　　　　　　　　　└月行―身禄

　つまり四世月旺《げつがん》にとっては、同門に学んだ同系なのだ。しかし、一方は御血脈を受けた後継者であり、一方の月行（日本橋の煙草屋）は傍系になったことへの不満があった為か、初代角行が創始した「明藤開山」の御文句を変えて「参明藤開山」として、弟子の身禄に伝えたのである。いわば、この時から光清と身禄は自分の意志とは別に、対立反目の宿命を背負ったといっても良いであろう。

　ただし二人が宗派としていがみ合った記録文は残されていない。当時はまだ富士講という大きな宗教団体としての呼称はなく、光清は「村上講」、身禄は「身禄組」と表現されているくらいの集団であり、それでも光清は六世を継いで「御法家」を称していたから、格差は当然のように存在した。それが前出の「乞食身禄に大名光清」という言葉になって表れたのであろう。そしてその意味の中には、身禄がどうあがいても光清に太刀打ちできないという実情を表現したものでもあった。

たしかに身禄は終生、光清に勝るものといったら一筋の熱い富士信仰の心だけで、財力も良き弟子も運もついていなかったように見える。

それを具体的に示してくれる文書が、「富士御法家」に伝わっている。私一人が閲覧を許された光清の自筆文書で、身禄が死去した後の元文三年（一七三八）のものだ。詳しくは『あしなか』百九十輯に報告したので、その中から興味深い部分を摘出してみる。

「身禄と申す者、生国伊勢河上のよし。俗名茶売伊兵衛と申す候よし。近年すがも中町にて荷売いたし、妻子有之。富士山へ参詣仕り候きめう太郎吉と申す者と同道仕り、乱気者ゆへ同行中より、より出され、それより百姓重郎右衛門方を宿に仕り、享保拾九丑年富士山にて死去仕り候」

ずいぶん内容に誤りがあるのは、それが単なる伝聞程度のことであり、身禄とは一面識もなかったことを証明している。文中「きめう太郎吉」は月行（喜太郎）のことであるし、十郎右衛門も知っておらず、身禄が死んだ年さえアイマイである。

食行身禄の木像

身禄は油売りを渡世にしていたと伝えるが、ここでは茶売りとなっており、その他餅菓子売りや人足など雑多な生活をしたと言われ、住居も転々としているばかりか、享保一〇年と一七年の二度にわたって火災にあっている。そこで弟子の小泉文六郎の屋敷にころがり込み、ついに入定を決意するのである。

この断食死については、『嬉遊笑覧』が次のように語っている。「我が力にては生涯に人の目に立つ程の事なしがたし。せめて山のうへに餓死して名をとどめばやとてのしわざと聞ゆ」これが当時の人々の世評だったのであろう。事実、村上光清も彼の死に対して、特別の記述はない。問題にもしていない。ところが、じつに面白いことに彼の弟子、田辺十郎右衛門のことになると、驚くべき敵対心をもって一文を残しているのだ。「我法田辺十郎右衛門の事」（元文三年）に出てくる十郎右衛門は、身禄が死ぬ三年ほど前に彼の信者になった男で、ふだんは百姓を業とし、登山期には吉田口八合目の大行合で水売りをしていた貧農である。身禄が山中で三日の断食をしていた時、説法を聞いて信者になったと伝え、後に師が断食死するあいだの三一日間、世話をしながら師の説法を筆記して『三十一日の巻』を残している。行名を北行鏡月として、身禄の死後猛烈な宣伝と活動を開始している。ところが彼は、六世光清から見ると正当な後継者ではなく、異端者であり、御法家に許可なく上吉田の浅間神社の鳥居前にノボリを立てたり、富士講の大切な御文句「ゴウクウ・タイソク」を唱え、オフセギまで発行するという行者まがいの行動をとり始めたから、ただちに糾弾の使者をさし向けることになった。

元文三年といえば、村上講社が総力をあげて浅間神社の修理造営にとりかかって、ほとんど完成した時期である。壮麗な社殿のほか現在見られる設備もほとんどが、その時の成立であるから、光清にとって最高最大の男の花道をつき進んでいた時である。その完成を眼前に、何の協力もしなかった十郎右衛門が、さも自分の功績の如きノボリを立てたことが、大いに気にさわったのである。ノボリには「奉納」「喜多口吉田総御師中」「烏帽子岩身禄侑」とあったという。完全なる敵対行為である。しかも十郎右衛門は、自分が大行者に取り立てられたと宣伝し、身禄が北口繁昌のために入定なさったのだと宣伝して回っていた。そして、江戸四ッ谷の助右衛門にオフセギを出す許可を与えたのだった。

身禄は清簾無欲の人で貧乏だったが、呪符や祈禱などの行為を反対して、ただ一筋の信仰に生きた人だから、オフセギを出すことは許す訳もないし、その入定は北口の繁昌などという小事ではなかった筈である。その大局を忘れて末節に走った行為だった為、光清の糾弾の前に一言の反論も出来ず、結局同年六月一五日に詫證文を出して一件は落着している。

ノボリは撤去し、タイソクの文句は唱えず、身禄の信心だけにつとめます、という内容の證文が上吉田村名主のもとに提出されたのである。しかしこれ以後、身禄同行と呼ぶ講の設立や、身禄の遺族（妻と三人の娘）によって教えが広められ、伊藤参行から小谷三志に続く「不二道」への道が開かれていくのである。その大きな原点は、何といっても死を賭けて弟子に口述した『三十一日の巻』などの教典の存在であった。それに対して御法家は、現在まで連綿として続いて、御宝物（角行以来の歴代オミヌキや文書）が伝えられているが、そうした発展は約束されなかった。身禄派がいくつにも分裂分派して、それぞれに人材が輩出していったのに対して、村上講は法灯をつぐ者として固く守りを閉ざした結果であろう。

その事件から六七年後の文化二年（一八〇五）に至って村上講八世照永と身禄同行との和解が成立するのだが、その頃の富士講は、「光清派は暁星の如く、身禄派は朝日に似たり」と『隔搔録』が伝えている。旭日に似た勢いの身禄派は、江戸に富士塚を築き、講社の数は八百八講とまで言われるに至った。しかし、その反面、幕府による弾圧も厳しく、寛政七年（一七九五）の町触れによって「富士講」の名が初めて見られ、その文中、「俗人が行衣を着し、鈴やイラタカの数珠を持ち、護符や守り等を出し」怪しげなふるまいが目立つので、これを禁止すると申し渡されるのである。

身禄と光清が生きていてこれを見たら、何と言って歎いたことだろうか。

女人禁制の山へ登った女性たち

富士山が女性の登山を許さなかったことは、山岳仏教の霊山と呼ばれる所がすべてそうであったように、女性を不浄視する考えが明治初年まで続いていたからである。その理由は「一年中に八十四日の忌み（月水）不浄なり」と、きわめて簡単に説明されている。

しかし山伏修験が山体を神聖視した時代はともかく、江戸時代になると女性の発言力もかなり強くなっていた庶民生活の中から、一人くらい禁制を破るような男まさりが居ても不思議はない。まして幕末の慶応三年（一八六七）九月には、イギリス人のパークスが夫人を同伴して富士登山しているのである。日本人には禁制をおしつけ、異人には許可するなんぞべラボウメと、江戸っ子が怒り出しそうな話である。実際に、その後パークスは、過激派に命をつけねらわれたというから、霊地を汚されたという感情が強かったのであろう。

ところが、それ以前に日本人もちゃんと男装した行者姿で、立派に山頂を踏んでいるのである。異人に先立つ三四年前のことである。その行為について語る前に、まず江戸期の女人禁制地をさぐってみよう。つまり女人結界とか女人追立場とかいう場所が設けられて、そこから先へ入る事が出来ないよう、改め役所で監視していたばかりか、「女人禁制」の高札が眼前に建てられていたから、よほどの事でもない限りそこを突破する事は不可能だったのである。そうした制限地は、登山口によって多少違うが、だいたい二合目あたりであったようだ。

たとえば表口は中宮八幡の上部の女人堂まで。東口は中宮小室社まで。北口は小室浅間まで、というふうである。ただし六〇年に一度めぐって来る庚申《こうしん》の年だけは、もう少し上まで登らせる観光施策をとった所もあるが、寛政一二年（一八〇〇）などは天候不順で山が荒れるのは、女人登山を許したからだろうと、すぐに下方で足止めさせているほどだ。こうした登山史の中で特筆すべき女性登山第一号は、江戸の高山たつ（行名三辰《さんしん》）であった。この発見者は『富士講の歴史』の著者であり、「山村民俗の会」の大先達岩科小一郎氏である。

そのいきさつは、天保三年（一八三二）九月のこと、禄行三志（当時六八歳）のとりはからいによって、六人の同行が北口から登山し、頂上釈迦の割石でその成就を祝ったという。たつ女はこの時二五歳、尾張公の御殿女中をつとめていたが、富士講信者となってこの挙に出たという。かなりの女丈夫であったのだろう。三志はその志をはたしてやる為に、同年四月に吉田の御師や村役所をたずねて協力依頼をしている。三志の門人は名前を書き並べただけで一冊の本になるというほどの高徳者だったから、話は順調に進んだが、それでも登山期をさけて閉山後の登山を選んだのであった。

この時、三志から与えられた行名三辰は、彼女の名が辰《たつ》であることと、この年が辰年であること（壬辰）、また辰年生まれであることから付けられたと言っている。辰とは竜であり、富士に昇る竜だからこそ許された思想であろう。また、食行身禄が辰の年（元禄元年）に初登山して釈迦の割石に立ったことを意識していたことだろう。三志の直筆で、ことの次第を左のように書いている。

「天保三年辰の九月廿六日夜、御不二山中宮こもり、同じ廿七日御頂上迄、女の登山初、殊に当年元祖百年相当り、御峰ハ参明藤開山（以下略）」つまり二六日夜は中宮に宿泊し、きれいに澄んだ月を拝し、翌日は雪が積もった山頂まで六人で登りつめたのであった。この時期は新暦では一〇月二〇日に当たるという。

こうして女性登山第一号の名を与えられた訳だが、その後これに続く者がいたのだろうか。残念ながら禁制の壁は厚かったようで、天保九年七月には女五人をまじえた一行が、改め役所の目をかすめて通過したものの、二町ほど上の金剛杖売場あたりで山中見回りの者に発見され、大問題になっている。その責任をとらされて、行者堂の快順は宿預け、上吉田の御師《おし》淡路とその手代は手鎖宿預け、という厳しい処罰を受けている。

その頃、役人の目をかすめて（あるいはワイロを渡して）行衣姿で男装した女性の登山が、ひそかに行われていたのではないかという一件だった。この事件後、監視の目は厳しくなり、御師宅の宿泊者調べが行われているほどだ。翌年の御師文書に、二六人の道者のうち六人女、二人連れのうち一人が女、という数字が見られる。これら婦女が登頂を目指したものか、二合目迄であきらめたか知るすべもないが、表口村山の大鏡坊の宿泊帳（参詣控帳）を調べてみると、僅かだが女性の参加が見られる。

寛政一二年（一八〇〇）七月八日、江戸の飯田町上総屋喜衛門とその婦人、六月二六日宿泊の新橋室町山王町の越後屋長吉とその婦人、である。この二人は女人堂まで登って山頂を拝して帰ったことと思われる。と言うのは、表口は末代上人以来の厳しい戒律を守って、不浄者を入れずという朱印状まで所蔵する修験の地である。文政一一年（一八二八）に当地を訪れた江戸の学者原徳斉は、男勝りの母親と同道してきたのだが、婦人の登山は叶わぬと聞いて、「せめて女人堂迄一見せばやとの望みゆえ、母公へは駕篭を雇ひて伴ひ来り、是より例の坊（大鏡坊）へ返したり」と書いている。つまり女人堂までは、行けたのである。

ただし、寛政一二年は庚申の年に当たって女人登山が緩和された時だけに、この時ばかりは木立境の近くまで登れたかも知れず、女人登山に関する記録はこれ以上の資料に出合わないのが現状である。

こうして最初にふれたパークス夫人の登山に続くのだが、イギリス人一行は村山へ一泊してから登頂を目指したものの、山頂は寒くマイナス一二度、霧の中で山中二泊して夫人も何とか頑張りぬいたようである。それから六年後の明治五年、新政府は在来の女人結界の場をなくし、自由登山せよと申し達したのであった。それは、とりもなおさず女性の地位向上を示す、近代日本の第一歩であったのかもしれない。

富士山頂は巨大な賽銭箱だった

富士山頂にポッカリと口を開けた噴火口は、江戸時代には「内院《ないいん》」と呼ばれて、神聖な場所とされており、登山者（道者）はすべて内院にむけて銭を投入して、無事登頂できたことを感謝しながら我が身と我が家族の幸福を願ったものである。

富士講の人々は、この行為を「お散銭《さんせん》」と言った。お賽銭と同じような意味だが、山頂から深い火口底にむかってバラバラッと銭を投入する感じは、まさに散銭と形容する方が適切な気がする。

内院とは神社の奥の院と同じ意味をもち、富士山そのものを御神体と考えた昔ならではの発想である。ではこの内院に散銭する習俗が、いつ頃に発生したのかというと、室町時代にはすでに習慣化されていたことが、天文二年（一五三三）駿河の今川氏輝が発行した文書の中に、「内院御末社参銭之事」と見え、参銭の所務を村山の修験辻之坊が受け持っていたことがわかる。

ところが永禄一二年（一五六九）以降、駿河に侵攻した武田軍によって一時的に武田の支配下に置かれ、天正五年（一五七七）には須走浅間に対して、その権利を一日だけ与える文書が発行されている。「富士山内院之参銭、六月中に一日之分所務」とあるのがそれである。この権利は、その後に尾を引き、やがて徳川家康の代になると、今迄村山修験が抱えてきた権利のすべて（富士山八合目以上の所有、表口登山道の支配）は本宮浅間大社に譲渡されてしまうが、内院参銭の権利も浅間大社に移りながら須走の権利も残っていくのである。

富士山頂（富士山真景之図）

なぜ村山修験がそのような冷遇をされたのかというと、彼らは諸国へ自由に遊行できる特権を持っており、それを今川氏が最大限に活用し、スパイとして重要な指令をひそかに受けて活動していたのである。特に北の武田と東の北条に対する絶好の耳目の役割をはたしていたのは、その配下に属する寺院が諸方にあったからである。駿河の草《くさ》と呼ばれた密偵は、草間にひそむ野伏りであり、村山修験は山伏というものの同様な存在として、主家今川氏に対して忠誠を尽したのであった。

しかし武田氏はこれを危険視して、駿河を支配下に納めた時点で彼らの瓦解を計り、他の社寺に朱印状を与えて在来の権利を保証したのに、村山に対しては一片の文書も発行されなかった。それが家康時代に入るや、一気に浅間大社に移行した（隠された）史実なのである。今川氏の人質として育った家康にとって、今川の忠犬の如き村山修験の存在が、やはり目障りだったのかもしれない。

そのため噴火口に投入された参銭（散銭）の権利も、一番ひろいを浅間大社、二番ひろいを須走が実行するようになるのである。ひろい集めた銭は、社殿の修理造営費にあてたのだが、金銭にからむ事だけに権利者の変転・紛糾・訴訟があいつぎ、元禄一六年（一七〇三）に至って本宮と須走とで四分六分の配分をすることになって、江戸末期までそれが恒例になったのである。

このように変転した内院散銭であったが、その場所はどこでも良いという訳ではなく、初《はつ》穂打場《ほうちば》と定められていた。それについて『富士山真景之図』をまとめた長島泰行によれば、

「(山頂) 中央に空穴あり。内院と云う」「東の斎《さい》の河原と云う所あり (中略) この処を初穂打場という。詣人賽銭を穴中に投ず」とある。この銭がどのくらいあったか調べてみると、元禄三年六月一三日にひろい集めた分は五七貫六〇〇文、これを金単位になおすと一二両四〇〇文になるから、かなり大きな額である。当時は六月一日が山開きで、七月末に閉山したから、二カ月間における総計はさらに大きかった事になる。

こうした理由から、江戸時代を通じて噴火口へ庶民が下りることは厳禁されていたのである。内院を神聖視するのは当然ながら、お賽銭箱に入りこまれては困惑するからである。ところがここへ入りこんだ者が数人いた。賽銭のひろい残りを得ようと閉山後の山へ登り、噴火口へ下りた混元という男は、須走村の生まれの狂歌師だったと『駿河国新風土記』が記している。その時の様子は、「内院ニ入ル事十町バカリニテ、一面ノヤケ砂ニテ、今ニ火アリテ、其アツサタヘガタシ。草鞋ヲ三足カサネテハキテ、漸ク其所ヲ過テ、二三町行ケバ火ハナシ。ソレヨリ十町バカリ下ニ、虎ノ蹲シタリトミユル石アリ。其所ニイタリテミレバ、小山ナリ。其下ニ大川アリテ、イズレヘ流ルルニヤト、今ニイブカシク思フト語レリ」

内院に入った三人は、こうした貴重な体験をしたものの、銭はわずかしか拾えなかったと歎いている。地熱、そして虎岩、さらに雪どけ水が集まって流れる川の存在……そのうち地熱だけは現在消失してしまったが、残る二つは内院に入った私が確認している。ところが江戸時代に、そんな事はお構いなしに火口に入りこんだ外国人がいた。

慶応二年（一八六六）七月一二日に登頂をはたしたスイス人のブレンワルトである。彼は一人で「山頂の空口に入て、其底の深さを計るに、深さ五百尺あり」と記録している。五百尺とは約一五〇メートル、現在その深さは二〇〇メートルといわれるので、だいぶ誤差がある。ただし津屋弘逵氏の『富士山の地形・地質』によれば、火口底までの計測は不規則な高さの火口棚の位置によって違うと言い、剣ガ峰からだと二二〇メートル、虎岩の南面火口棚からだと一五〇メートルだと報告している。火口へ下りる地点は、ほぼ虎岩南面からであるから、ブレンワルトもここから下りたに違いない。それにしても日本人にとって神聖な山も、外人にとっては単なる物理的な山塊でしかなかったという点が、生麦事件などをひき起こす要因に結びつくのであろう。

ともあれ物理的に見ると頂上噴火口は、じつは二つあり、私たちが知るものは大内院と呼ぶもので、これよりずっと小さく砂礫で埋もれて窪地になってしまった小内院が、その北北西にある。それによって富士山は、平安時代に「頂上に神池あり」という記述と、これに反する「煙火が見える」という記述とが、二つ共存したこととして理解できるのである。ただし、神池についてはコノシロ池だという説もあるが、いずれにもせよ一方は噴煙をあげて溶岩を流し、一方は古い火口跡として水をたくわえて、池になっていた時期があったと理解すれば良いのである。それが内院の正体である。

山頂から消えた仏像たち―廃仏毀釈の嵐

富士山頂でブロッケンの妖怪と呼ぶ現象があったことは、いくつかの書に出てくるが、富士講の人々はこれを妖怪としてではなく、「御来迎《ごらいごう》」と称して伏し拝んだものであった。信心深い人々の前に仏様が姿を見せるのだといい、三尊来迎とも称しているが、御来光とは別のものである。

つまり御来光とは山頂から拝む日の出のことであり、その為には東方を向かなければならない。それに対して御来迎は背後の噴火口上空にたちのぼる霧の中に、ありありと仏体が拝める現象なのである。その正体は何だったろうか。『南嶺子』の著者（桂秋斎）が、東海道吉原宿に泊まった時に聞いた話として、「あの仏様の影は、じつは私たちの影だと考えるしかありません」と宿の主人が語ったと言う。すなわちブロッケンの妖怪と同じ現象だと見抜いていたのであろう。

ところが『駿河国新風土記』の作者（新庄道雄）は、別説を述べている。朝方さわがしく人々が室から出ていくので、つられて外へ出て日の出を拝したところ、そちらの方角ではないと言われる。

「西ノ方ヲカヘリミレバ、八葉内院ヨリ立チ登ル雲霧ノ中ニ、アリアリト仏ノ形アリ。何レノ仏トモ分チガタシ。ヨク思ヘバ内院ノ傍、又ハサイノ川原ナド云所ニ、イクラモ立チタル銅像アリ。ソレニ日光ノウツリテ、雲ニ映ゼシナラントイヘリ」

つまり山頂噴火口のまわりに立ち並んでいた仏像の影が、雲霧にうつって見えたのであった。それほど多くの仏像が並んでいたのだろうか。『富士山真景之図』によって、幕末の山頂を眺めてみよう（要文摘記）。

「東の斎の河原と云う所あり、十一面観世音の鉄像あり。明応二癸丑年尾張の人建立せしと鋳付けあり。この処を初穂打場という。銅首鉄身の大日の像あり、大永二壬午年尾張の人建立と鋳付たり。かたわらに銅花瓶有り、寛文八戊申年と彫り付け有り。大宮拝所小屋二軒あり、てつぞうの大日（如来）二軀あり、明応二年尾州に於て鋳たるよしと有り。剣の峰のふもとにいたれば、どう像の大日、寛永元甲子年伊勢の人こん立なり。又てつぞうの大日、延徳二年建立とあり。けんのみねのさかみちにも大日あり、天文十二癸卯年濃州の人建立とあり」（以上岡田博氏校訂）

こう見てくると山頂には末代が建立した大日寺にちなんで、山を領知する大日如来が各所に奉納寄進されて並んでいたのである。中には木像もあったが、冬期の風雪によって破損しないように閉山期に土中に埋めておいて、登山期だけ出したといわれる。しかし、破損は年々ひどくなる一方だったようである。前出の『駿河国新風土記』は、

「文化五年ニ見タリシニハ、仏像ノ数モ多カリシガ、二十年ヲ過テ文政九年ニ登リシトキハ、数モ少ナク、損ジタルガ多クナリテ、木像ハ見アタラザリキ」と書いている。ここで興味深いのは、これら仏像に一人ずつ人間がついていて、銭を八文ずつ取ったということだ。中谷顧山の『富獄の記』によれば、「阿弥陀・薬師・大日・不動・釈迦・観音・弥勒の外いろいろの仏あり。大日多し。いづれも八文ずつなり」とあるから、登山者は拝観料を無理取りされて大変だったようだ。

さて、こうした多くの仏像が並んでいた富士山頂に、廃仏毀釈の嵐が吹き荒れるのは、明

治七年（一八七四）七月二四日のことであった。この時、富士山を神の山として、仏教を一掃する為に登山した宍野半《ししのなかば》は、山中の仏像といわず仏具や施設をことごとく破壊して、谷に捨て去ったといわれる。明治政府による神仏分離令は、慶応四年（明治元年）に発せられたのであるが、それが当山に至るのに六年を要したのには、やはり日本の霊山を破壊によって汚したくないという考えや、長い歴史を刻みこんできた山岳仏教をまったく無視できずに、周辺の動きをよく見た上でとった手段であったろう。

廃仏運動の始まりは、比叡山坂本の日吉神社に共存していた仏像や仏具を破壊して焼きすてたこと（慶応四年四月）から、しだいに全国的に広がっていき、明治二年には信州松本藩で領内九二寺のうち七三寺を廃寺にするという徹底的な弾圧を加え、さらに相模の大山寺、遠江の秋葉山、伯耆の大山、大和の金峰山などが、仏堂や仏像を取り払われていったのである。

明治政府は神道を守り、幕府が保護してきた寺院の封建的特権を奪うことによって、その服従を容易にさせたのであった。しかし、庶民による反対行動も表面化してきて、三河の碧海郡で明治四年には抗議運動が行われるなどして、明治八年に至ってようやく政府は信教の自由を通達するのである。

その僅か一年前に富士山にも廃仏の手が伸びたことは、残念でならない。その指揮をとった宍野は、山麓の五つの浅間神社（本宮浅間大社や上吉田など）を兼任する宮司として、地方官を伴って登山し、仏教色を一掃したのである。吉田口においては浅間神社の仁王門や鐘楼の破壊で仁王像はバラバラにして焼却し、鐘は玄能などで叩き壊したといい、こうした災いは中腹の経ガ岳の日蓮上人遺跡にまで及んで堂宇は壊され、題目を刻んだ大石はめちゃめちゃに叩きつぶされた。

頂上の石仏は顔面や頭部を叩きこわされ、大日寺（堂）の諸仏は村山持ちゆえ僅かに破壊を逸れて里へ引きずりおろされたが、前記した噴火口の周囲に並んでいた仏像は、大きなものは火口にころがし落とし、小さな物は壊して捨てたといわれる。しかしその時期が、廃仏運動の後期に属していたため、由緒ある物は宍野一行の登山前にひそかに持ち下されたらしく、私が実見した物では山中の雲霧不動尊の木像（等身大）が一般人の所へ移されており、吉田口の終点にあった薬師如来は、富士宮市の酒造店に在り、大日寺に安置されていたと思われる大日如来の銅像は、村山浅間の宝蔵に納まっている。さらに多くの仏像類が写真として残されているが、それらは村山と本宮浅間大社とが富士山頂の帰属問題を争った時（明治）、訴訟費用の捻出の為に売却されてしまったという。

富士山からおろされた仏像たち

こうして無事に里へ下された物でも、離散の運命はさけられなかった。したがって前記の古い年代の仏像たちは、誰の所有でもなかった故に破壊の手から救われることなく、山頂から永遠に姿を消したもののようだ。私が富士山研究を始めてから四八年たつが、記録文に該当する仏像に遭遇した事はない。

なお、江戸末期までは「表大日、裏薬師」と言われて、表口終点に大日堂があり、北口終点に薬師堂があって、それぞれ役所を設けて参詣人を改め、役銭（登拝料）を徴集していた。それが廃仏後は、それぞれ浅間大社奥宮、久須志神社と改称されて現在に至っている。山頂の仏像たちが姿を消して一三二年、その間いくつかの掛仏・経巻の発見があったことだけが、僅かな救いとなっている。

江戸に造られた富士山―富士塚の分布

　富士塚とは聞きなれない言葉であるが、これを他の言葉でいえば「人造富士」とか「模造富士」という事になるであろう。つまり富士信仰の心が高じて、自分達の近くにいつでも拝める富士山があったら良いなと考えて、造りあげた信仰の対象としてのミニ富士なのである。ただし造られた年代によって、それは大きく二分される。江戸時代以前のものと、江戸時代以降のものであるが、その境界点に位置する富士塚が全体を二分しているのである。それは何かというと、江戸中期の安永八年（一七七九）に高田の水稲荷の境内に、富士山の溶岩を積みあげて築いた「高田富士」である。これを築いた富士行者藤四郎は、熱心な身禄《みろく》の信捧者であったから、その信徒の協力を得て富士山の黒ボク石と呼ばれる溶岩を山麓から採集して、はるばると江戸に運んだものであった。

　その行程は、北口から桂川（相模川）を船で下して、三浦半島をまわって江戸湾に入り、神田川をさかのぼって揚場河岸に着き、ここから大八車で戸塚村まで運んだのである。ただし山体の土台は近くの山を切り崩して運び、それで形を造った上に溶岩を積んで、富士山五合目以上の姿に仕上げたのであった。その完成の為に藤四郎は、山頂から土を取ってきて富士塚の頂上に埋め、そこには石祠を置いて仙元《せんげん》（浅間）菩薩を祀った。さらに山裾右手に胎内洞穴を作り、中腹に小御岳の社を設け、左手に身禄の入滅した烏帽子岩を設置した。この四つが、その後の富士塚には必ず設けられる基本として、ここに誕生したのである。

その造立目的は、「ここに富岳を模して、男女老少ともに、心安く登山するようにと築立せしものなり」と、釈敬順が書いたように、ここへ登れば富士の浄土へ登ったと同じだと言われたので、物見高い江戸っ子がまじって連日見物人がおし寄せたと言う。こうして評判になった富士塚は、江戸ばかりか相模や上総・下総にまで造られていき、東京都内に現存するものだけでも四三、壊してしまったものを加えると六〇近い富士塚が、昭和の時代まで連綿として造立されたのであった。

ところで、それ以前の富士塚とどう違うのだろうか。信仰そのものは当然同じ富士信仰であるが、江戸以前は「富士行」の時代であり、山頂に浅間大神または浅間大菩薩を祀るものの、それ以下には何も設けない事が多い。つまり浅間神社の分祀をするわけで、山体に登る

下谷の坂本富士（東京都台東区）

ことよりもその全体を拝んだのではないかと考えられる形態である。しかも山体は、すでに存在した丘陵を用いて土を盛りあげたり、周囲を切り崩して富士山形に仕上げたもののようだ。

　これについて、『新篇常陸風土記稿』に次のような記載がある。「中世以後、関東の風俗にて、塚を築きて富士権現を勧請するもの所々にあり。自然の山へこれを祀るもあり。今に至て往々このことあり。蜷川家に蔵せる天正年間の年代記に、文明十三辛丑年諸郷に富士塚を置くと見へたれば、この頃より多くなりしと見ゆ」

　このように文明一三年（一四八一）に栃木県下で富士塚が造られたと言うが、その翌年には千葉県からはるばると掛仏を山頂に奉納しており、何かしら理由があったのだろう。調べてみると、文明年中は九州桜島が噴火し続けて、灰が空をおおい、その影響で気候が異変を生じ、全国的に疫病や飢饉が広がった時期であった。同九年に

千駄ヶ谷の富士塚（東京・渋谷）

は長い戦乱だった「応仁の乱」が、一応終わったとは言うものの、その後遺症は一般人に大きな傷を残していたのである。

世の平安と無病を祈る民衆の願いが、富士山に向けられてその祭神を勧請したのであった。その頃の富士山周辺はどうだったろうか。北麓河口湖畔の妙法寺の記録によると、次の如くである。

文明三年―西に当て星燃え玉ふ。

同　五年―甲州大飢饉、餓死すること無限。

同　八年―犬俄《にわか》に石木又は人に嚙付、自滅する事数を知らず（狂犬病）。

同　九年―少童疱をやむ事大半にこえたり。生きる者千死に一生。（疱瘡流行）

同一三年―疫病天下に流行、病死人多し。

同一四年―大風度々吹く、作毛凶飢渇なり。

こうした状況は関東一帯に広く流行して、世上不安は予想をこえたものだったと思われる。その静鎮祈願のために、表口村山修験では大日如来像の造立（文明一〇年）、駿州河原村の真福寺から不動明王像の寄進（同一三年）などが行われているから、富士山を遠く離れた土地ではその代わりに、富士塚を築いて浅間神（荒ぶる神）、すなわち富士権現を祀って祈ったのであったろう。

以上、時代によって信仰形態が違う二種の富士塚を見てきたわけだが、それらが全然別のものではなく、常に富士信仰にもとずいて民衆が合力して塚を築立したという点において共通している事から、江戸時代のものはその発展した姿と見るのが妥当であろう。神奈川県の富士塚を調査した大谷忠雄氏によれば、南武蔵の富士塚三七、その特徴は丘陵を利用したものが多いと報告されている。古墳の上に溶岩を積んだ例（横浜市鶴見町）もあるという。そうした例は岳南の富士市に巨大な浅間古墳があり、

十条富士（東京都北区）

その頂上には浅間神社が祀られている。珍しい例としては、富士市鈴川の海岸近くに、海辺でミソギをして富士登山の無事を祈った人々が、浜から玉石を運んで少しずつ積みあげた富士塚がある。松林の中にあり、頂に富士浅間を祀った小祠があることで共通している。

これなど身禄の故郷の伊勢で、海辺の答志島の人々が登山する前日にミソギをして、浜に盛り砂したという事と類似している。

また千葉県の富士塚調査を担当した平野栄次氏によれば、上総地区は東京湾の沿岸に多く、富士山が望見できる立地条件下にあるといい、下総地区では江戸川に沿って多い（対岸の埼玉県側も同様）と報告されている。ただし、明治時代の造立が八基と多く、江戸時代は一基である。

さらに埼玉県の岡田博氏によれば、当地筆頭の小谷三志は不二道を実践して全国に五万の信徒を擁したというが、彼は富士塚は築立しなかったという。また鳩ヶ谷の富士塚は、鎌倉時代に勧請されたという古系伝承をもち、古墳上部に社が建っていることが報告されている。また平野氏は荒川の左岸に富士塚が多いことを指摘し、それが一基以外すべて明治時代の造立であることから、江戸時代の流行が少しずつ進んできて明治に造立された為だろうと語っている。

江戸時代築造富士塚一覧表

◎は国指定文化財　△は改造変形　×は現存しないもの

造立年代	造立場所	築造講名
東京都		
×安永8(一七七九)	高田(新宿区)	丸藤講
寛政元(一七八九)	千駄ヶ谷(渋谷区)	烏帽子岩講
△2(一七九〇)	築地鉄砲洲(中央区)	丸藤講
×文化9(一八一二)	目黒元富士(目黒区)	丸旦講
11(一八一四)	十条(北区)	丸参伊藤講
14(一八一七)	音羽護国寺(文京区)	山護講
×文政2(一八一九)	目黒新富士(目黒区)	山正広講
×3(一八二〇)	深川八幡(江東区)	山玉講
△7(一八二四)	千住川田(足立区)	丸藤講
8(一八二五)	中里(清瀬市)	丸嘉講
×9(一八二六)	小石川白山(文京区)	山水講
◎11(一八二八)	下谷坂本(台東区)	東講
△天保4(一八三三)	砂町元八幡(江東区)	山吉講
△5(一八三四)	羽田(大田区)	木花元講
◎10(一八三九)	江古田(練馬区)	丸祓講
13(一八四二)	東大久保(新宿区)	丸谷講
×13(一八四二)	打越(中野区)	月三講
×弘化2(一八四五)	成宗(杉並区)	丸参講
△安政2(一八五五)	板橋(板橋区)	永田講
◎文久2(一八六二)	椎名町(豊島区)	月三講
慶応元(一八六五)	南千住(足立区)	丸滝講
神奈川県(旧武蔵分)		
寛政8(一七九六)	上恩田(横浜市緑区)	山富講
文化3(一八〇六)	登戸(川崎市多摩区)	丸山講
文化5(一八〇八)	熊野堂(横浜市神奈川区)	丸金講
文政13(一八三〇)	鶴見(横浜市鶴見区)	一山講
天保12(一八四一)	中村(横浜市神奈川区)	丸金講
13(一八四二)	上谷本(横浜市緑区)	山真講
×安政元(一八五四)	東本郷(〃)	丸青講
文久元(一八六一)	小机(横浜市港北区)	丸青講
神奈川県(旧相模分)		
文化7(一八一〇)	品濃(横浜市戸塚区)	山真講
天保11(一八四〇)	岡津(〃)	タテカワ講
弘化4(一八四七)	名瀬(〃)	富士元一講
嘉永2(一八四九)	山崎・寺分・上町谷(鎌倉市)	山真講
万延元(一八六〇)	深谷(横浜市戸塚区)	富士元一講
慶応2(一八六六)	長後(藤沢市)	(不明)
埼玉県		
◎寛政12(一八〇〇)	木曽呂(川口市東内野)	丸参講
×文政10(一八二七)	神根(川口市)	月三講
天保2(一八三一)	片山(新座市道場)	丸吉講
安政4(一八五七)	武蔵野中郷(大里郡花園村)	丸正釣鐘講
万延元(一八六〇)	青木(川口市)	月三講
〃	西宝珠花(北葛飾郡庄和町)	丸宝講
〃	甘粕(埼玉郡美里村)	丸正釣鐘講
元治2(一八六五)	赤浜(大里郡寄居町)	〃
千葉県		
元治元(一八六四)	古和釜(船橋市古和釜町)	(不明)

(作製・岩科小一郎氏)

このように近年富士塚の研究が急速に進んだのは、何をおいても東京の岩科小一郎氏が長年にわたってコツコツと研究した成果が、ついに文化庁を動かして昭和五四年にはじめて三基の富士塚が「重要民俗文化財」に指定されるなど、その見直しが行われてきたからに他ならない。書くことは多いが、そのしめくくりとして岩科氏作製の一覧表を付して参考に供したい。

富士山の三大祭り―火の祭典

富士山を仰ぐ岳麓の登山口では、夏山に対する激しい思い入れと信仰によって、三大祭りがお山を賑わしている。その歴史は各口によって新旧があるが、南口（富士宮）の御神火祭り、東口（御殿場）のワラジ祭り、北口（富士吉田）の火祭りである。それらはすべて、お山に感謝する心と観光的イベントを見事に融合させて、祭り一色の夏を演出させるのである。

まず富士宮市の「御神火祭り」は、八月初旬の良日を選んで、富士山頂へご神火をもらいに登山する事が中心であるが、その為にはまず心身を清浄にしなければならぬので、浅間大社の湧玉池で昔ながらのミソギをする事から始まる。それから山頂に至って、奥宮でこれまた昔ながらの方法で発火させた聖火を頂戴して、里へ下るのである。この火は大昔富士山が噴火していた時の神火と考え、その翌日は二台のミコシによって燃える火をいただき、市中をねり回って威勢をあげる。そして祭典のクライマックスは、青年会議所の男女による二台のミコシが、夜に入って神田川に突入し、お互いに上流めざして争って水しぶきをあげる光景である。川をのぼりきると浅間大社の中央広場で待ちうけていた太鼓がドドーンと鳴り響いて、三〇万人の人出で賑わう夏祭りに誘いこんでいくというものである。

　次に御殿場市で行われていたワラジ祭りは、ひと味違ったもので、巨大なワラジを作って山頂へ奉納するという豪快な行事であった。大人の背丈以上もあるワラジは、山開きに奉納して山閉いの八月下旬に里へおろし、供養祭（焼く）を行うのだが、その行事の始まりは登山者がぬぎすてていったワラジを焼くことであった。最近はワラジばきで登山する人など見られないが、昔は七合目から太郎坊までの下山道（砂走り）を一気にかけ下ると、たいていワラジが痛んだので太郎坊ではきかえ、古いものをすてていった。それが山積みになったので、夏山に感謝し、ワラジを浄火によって清め、さらに登山者の安全祈願をするという目的

吉田の火祭り（富士吉田市）

で「富士山わらじ祭り」が計画されたのである。記録の明らかなものは、昭和一六年八月三日に行ったという。なお、御殿場口は、最も若い登山口で、東口には古くから須走・須山があったので、明治一六年五月に開かれたこの道を「富士山東表口」と称した時代がある。

次に北口の富士吉田市は、古くから「吉田の火祭り」と称して、その昔、富士山から噴火した溶岩が一筋の火の流れとなっておし寄せ、この町の基盤となっている台地を形成したことから、火祭りを欠かした事はない。町の大通りには木を束ねた富士山形の大たいまつや、薪を井ゲタに組んだものが並べられ、八月二六日の閉山の夜、いっせいに点火されるのである。この行事も夏山の賑わいに対する感謝のしめくくりの意味が強いと思われる。そして町の火に呼応して、山中の各所でも火をたいて夏の夜空に一連の火の数珠が出現するのである。

さて、火祭りに呼応するもう一つの行事は、浅間神社からかつぎ出された二基のミコシが市中をねり歩き、やがて最終地の御鞍石《みくら》（神社の神域最奥部にある磐座《いわくら》）に鎮座する雄壮で神厳な儀式である。ミコシの一つは、富士山形をした御影《みかげ》と呼ぶ赤い御神体であり、大たいまつが富士山形であったことから、この火祭りと富士山噴火とが、大きなかかわりを持ってきた歴史を、明瞭に物語っているようである。

第三章　溶岩洞穴の怪

鎌倉へ通じる富士山の洞穴―人穴怪奇

富士山麓に点在する溶岩トンネル一〇〇余のうち、約八〇パーセントを調査した私が、もっとも興味を持って追及した洞穴は、西麓の小山の上にポッカリと口を開けた「人穴《ひとあな》」の歴史であった。人穴の名が書物にあらわされた最初は、鎌倉時代のことであり、鎌倉幕府の二代将軍をついだ源頼家が、人穴の探検を伊豆の武将仁田《にった》四郎忠常に命じたことに始まる。

建仁三年（一二〇三）六月、仁田四郎は従者五人をひきつれて暗黒の洞内に入りこみ、松明をともし続けて進むうち、やがて地下の大河に出合った。水は冷涼で激しく流れ、渡る方法もなく困惑していたところ、突然異変がおこり、従者らがバタバタと倒れて絶命した。仁田四郎は、神仏の加護を祈りながら太刀を大河に投入し、ようやく帰路をたどることが出来た。

神秘な人穴の入り口

以上の報告は『吾妻鏡』に記録され、地元の古老はこれを聞いて「お穴は浅間大菩薩の住まわれる所じゃ。神罰があたったのじゃろう」と恐れあったと書かれている。そして穴の探検を命じた頼家の身に何事も無ければ良いが…とささやき合ったとされている。その後、仁田四郎は政争に巻きこまれて殺され、頼家も修善寺で暗殺されて二二歳の生涯を散らしてしまうので、神罰にあったのだと評判になり『富士の人穴草子』という物語が作られて、人穴の存在を有名にさせていく。

だがその一面で、庶民は面白い伝説をいくつも作りあげてしまった。その一つが、仁田四郎は猪の背にまたがったまま人穴に入り、やがて江の島の洞穴へ抜け出たというのだ。彼が富士の巻狩りに参加した時、荒れ狂う猪の背にとび乗って仕止めた話は有名で、この話と人穴探検とを結びつけてしまった結果なのだが、ご丁寧にも話はふくれあがって、横浜市西区浅間町の袖摺山中腹にも彼が入ったという「富士の人穴」が伝承されている。この穴と富士西麓の人穴とが通じているというのである。しかし実際には、この穴は古墳時代に掘られた横穴（群集墳）で、ほかにも一〇ほど発見されているから、昔の人は「恐ろしい穴だから入ってはならない」という戒めの為に、人穴の名を使ったのであろう。

また、神奈川と東京に造られたミニ富士山を「富士塚」と呼んで、富士講の人々が信仰の対象にしているが、その山体に人穴を開けてあるのは、次に述べる開基角行《かくぎょう》の遺跡として人穴を尊ぶからである。人穴は恐ろしくもあり神聖な場所として、その後も長く語り伝えていくことになる。

この洞穴は富士宮市人穴にあり、実測八三メートル、内部に冷涼な水をたたえている。玉垣に囲まれた石段をおりて、狭い入り口をくぐり抜けると広くなり、行者のおこもり堂があって、左右に分かれて再び穴は合一する。その先はカマボコ形のトンネルが続き、やがて狭小となって終わる。

地学的には新富士の噴出した「犬涼風穴群」の一つで、二七〇〇年ほど前に成立したものと考えられ、近くに、新穴・三つ池穴・姥穴・尻穴・間々下穴などが点在している。

人穴の修行者―富士講の黎明

仁田四郎が人穴内部で奇怪な体験をして従者四人が変死してから、三八〇年ほど過ぎた戦国時代に、わざわざ人穴を探し求めて来た行者がいた。九州長崎から旅を続けて東北巡礼をしていた長谷川左近が、夢の中で役《えん》の行者に会い、「人穴で修行せよ」と告げられたのだということ。

しかし、村人は神聖な洞穴への入洞を拒み、仁田四郎の古事を話して、「神罰を恐れるなら他所へ行きなさい」と、その南方にある白糸滝を教えた。滝は富士の霊水が断崖絶壁の上部から湧き出したまま落下し、その様子は数百数千の白い糸を垂らしたように美しかったので、古くから有名だったが、源頼朝が「この上にいかなる姫のおはすらん、おだまき流す白糸の滝」と詠んでから、さらに有名となっていた場所である。

左近はここで滝水にうたれて修行するうち、神の啓示で人穴に案内され、一千日の修行を決意する。洞内は水が満ちていたので一五センチほどの角木を水中に突き立て、その上に立って一本の杖を頼りに、長い思索の一千日を過ぎて、ついに悟った。富士山の祭神である浅《せん》間《げん》大菩薩を尊び、富士山にお参り（登山）して神仏と邂逅することが、すべての信仰の帰結点である。そう悟って自らを「角行《かくぎょう》」と名付けた。角木の上で行を達成したからである。

彼は非常に伝説的な人物であるが、その後、各地で布教しながら、夏期になると富士登山をし、それ以外の時は富士山麓の霊水八海《はっかい》を巡って、修行を怠らなかった。八海とは、明見湖・河口湖・山中湖・西湖・精進湖・本栖湖・須津《すど》湖・芦の湖の八湖のことである。彼はこうした苦行の後に神仏の加護を得て、大衆を救う道を広げようとしたらしく、天正一〇年（一五八二）には徳川家康と対面したという伝説が残されている。

角行が洞内で修行中のことである。この年四月には、織田信長が甲州から人穴道を通って東海道へ抜けており、途中で富士山と人穴見物をしたと『信長公記』に書かれている。家康はその警護のために砕心した労によって馬と太刀などを贈られている。したがって家康と対面したのは、この時のことだろう。

やがて彼は弟子と共に江戸で教えを広め、富士講のはじまりを印象づけていくのであるが、その一生のうち富士登山を一二八回、お中道巡りを三三回実行したといわれている。こうし

富士講の開祖（角行）

て人穴で悟りを開いた角行は、庶民の団体登山を富士信仰の根幹に据えて、一〇六歳で人穴の奥で大往生をとげたといわれる。正保三年（一六四六）のことであった。

　いま人穴を訪れると、その入り口付近には富士講の記念碑が林立し、その西方の奥まった所に富士講歴代の墓石が並んでいる、ひそやかな樹間である。こう見てくると人穴は、単なる溶岩洞穴ではなく、人（神）が住み、人が修行した洞窟であり史跡であって、八〇〇年の歴史をもつ聖穴だと悟らねばならないであろう。

精進お穴に死す—富士信仰の極地

　富士講の開祖（角行）が人穴で没してから一八〇年ほど過ぎた頃、江戸では「八百八講」といわれるほど信者と講が増えて、「お山参り」を一度はしないと馬鹿者だと評される時代になっていた。

　われもわれもと講に入り、積立金をして自分の順番が回ってくると、白の木綿の行衣を揃え、腰に鈴をつるして歩くたびにチリンチリンと音をたて、嬉々として道中を徒歩で富士山まで参るのであった。

　そのような全盛期に青木ガ原の樹海の中に分け入った行者がいた。相州高座郡（神奈川）から旅を続けてきた誓行という男である。彼は樹海の中にある洞穴を探し求めて、ついに「お穴」に到達した。現在、ここは精進《しょうじ》お穴と呼ばれて信仰の対象になっているが、彼は夢のお告げによって穴の存在を知って、人も入らぬ魔の樹海に分け入ったという事であった。

誓行は洞内にこもって修行を続け、水は天井からしたたり落ちる水滴を木舟にためて、貴重な水源とした。断食行に入った時は、食物をいっさい口にせず、ただ水だけを飲むのである。これは初代角行が、人穴の内部で修行した時と同じであった。こうして誓行は悟りをひらき、村人たちに「富士山と精進湖とお穴は、三位《さんみ》一体の真理である」と説いて、富士信仰をこの地に広めていった。

こうして歳月がたち、多くの信者を得た誓行は、自分の天命を知った。「ならば御穴で入《にゅう》定《じょう》するとしよう」と、弟子に向かって言い、「これより二一日をもって満願とする」と言い切った。入定とは断食ののち死ぬことを指し、二一日目に死ぬことを予言したのである。そのため弟子の賢鏡に身のまわりの世話を命じ、村人が交代で付き添うことになった。

かくて二〇日目を迎えた誓行は、ミイラの如く痩せ細り、「末期の水を…」と一声言った。明日が入定の日だと思い、賢鏡はほんの少し水を師の口に含ませた。しかしその水が運命を狂わせた。予言した二一日に入寂せず、一日遅れた二二日目に、座禅の形をとって信者の菊田某に背をささえられながら、洞内にこだまする念仏とともに遷化したのであった。五九歳だったといわれる。

こうした歴史を秘めたお穴の奥に誓行（門倉佐仲）が建てた石碑がある。それには「庄司御胎内」と刻まれており、ここも人穴と同様に人間の胎内の生まれかわりを信ずる道が説かれていたのである。

誓行の死後は二代賢鏡がつぎ、三代を祐善がついだがそこで途絶え、現在は小林日峰夫妻が乾徳道場を建てて「救い」の理念を実践している。三代目は精進村の人で、その死に際してお穴で入定したいと願い、村人に戸板で運ばれて来たが、その途中で息絶えたため、道場入り口左手に埋葬して石仏を建ててやったといわれる。

なお、お穴は日洞とも言い、全長一六〇メートルほどの小穴であり、近くに月洞（二四六メートル）・蛇洞（内部に蛇石あり）、さらに精進風穴群（五穴）が点在するが、案内人なくては発見は難しい。

お穴で死んだ誓行の像

お胎内（洞穴）の神秘

人穴と精進お穴（庄司胎内）について語ってきたら、次は富士山麓の各地にある「お胎内」について紹介しなければならない。胎内《たいない》とは人間の体の中を意味するから、人穴も同義の言葉として捉えると、陰陽思想を富士山に当てはめて、山体は陽（男）であり、洞穴は陰（女）であると考えられた。つまり人穴とは、富士山の祭神コノハナサクヤ姫の秘所と考えられ、後世、安産と生まれかわりの信仰に変化していくのである。

お胎内信仰も、これと全く同じである。しかし、人穴と全く違う点は、お胎内は江戸中期頃に北麓で発見され、富士登山北口の名物として知られるようになり、その名にあやかって東口にも出現するというふうに、新しい流行の旗手であった点である。その代表的なものが、現在スバルライン入り口から少し登った右手にある船津胎内である。

ここは洞穴の入り口をすっぽりと建物で包みこみ、その中央にサクヤ姫の秘所が祀られ開

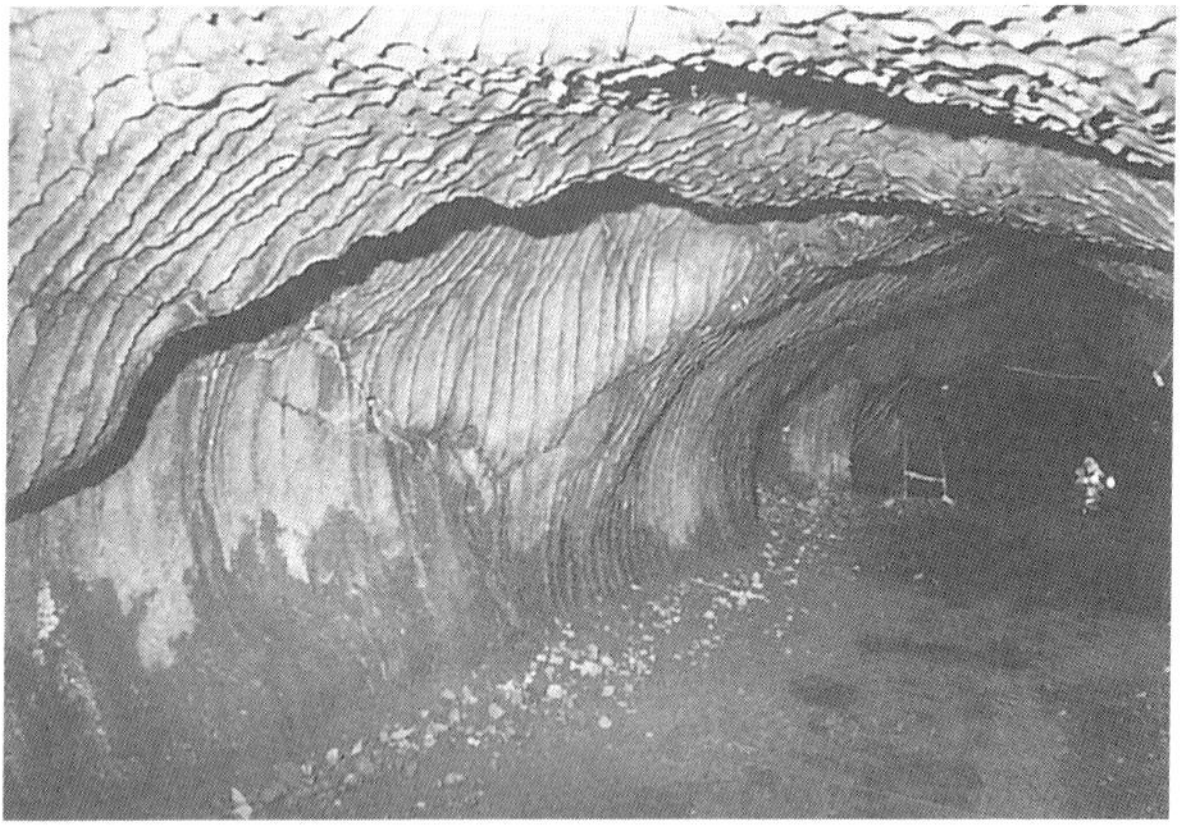

女性の胎内を示す船津胎内

口している。入りこむと背をかがめて歩くほどの大きさの空洞で、左右の壁は肋骨状の筋がついている。人間の体の中に入っていく感じである。穴はやがて左方に続き、さらに左方に「母の胎内」が続いていく。その先はサクヤ姫の女陰と称する割目が拝される。狭い空間である。他に出産に関する胎盤やエナ石などが説明されている。溶岩がドロドロに溶けて流れた赤や茶色が、美しく妖しい光を放って、女体の不思議を示しているようである。

この不思議な造形は、じつは貞観六年（八六四）の噴火で流出してきた溶岩が、麓に茂っていた大木をおし包み、おし倒して樹幹を燃焼させたあとの空洞なのである。何本もの巨木が重なりあって空洞を作ったので、内部が複雑に連結しているのであった。この洞穴の発見者は、江戸の藤四郎という植木屋で、熱心な富士講信者であった為、食行身禄の弟子となって、西麓の人穴に対する洞穴を探し求めてここを発見したと伝えている。

その後、明治時代になってその東方に同じような溶岩樹型の洞穴が発見されて、吉田胎内と呼ばれるようになる。二つながらに天然記念物に指定されているが、船津は有料施設であり吉田は入り口を鉄柵で閉じられているという違いが存する。

次に東麓に目を移すと、御殿場市に印《いん》野《の》胎内がある。ここも巨木の跡の溶岩樹型であるが、江戸時代の中期（享保年間）に江戸の市ヶ谷講中が有名にしたというから、船津と同期頃の発見であろうか。その内部は、まず小腸部といい肋骨状の筋が流れる小穴に始まり、大腸部、乳房石（溶岩鐘乳）を見て精水池（したたり落ちた水で池が出来ている）を過ぎ、母の胎内から子返りという狭い所をくぐり抜ける。次は安産石の上を息をきらせてはいずり出ると産道となり、突然外の陽光をあびて生まれ出るという事になる（天然記念物）。

その他、須山口には須山胎内があり、須走口には須走胎内があるというふうに、それぞれの登山口に胎内信仰とその史跡が存在したのであった。そしてそれらは全て、富士講の人々と共に在ったと言っても過言ではない。

老婆をすてたバンバア穴が二つ

富士西麓には、所を変えて「老婆をすてた」というバンバア穴が、二カ所存在する。その一つは今迄に紹介したことのある人穴のすぐ北方の姥穴《うばあな》がそれで、古老はバンバア穴と呼ぶイワク付きの洞穴である。ここは朝霧高原の草原地帯に、ぽっかりと足元に開口した危険な穴で、おりると左右に横穴が続いていたものだが、昭和三九年に穴の内部から弥生式土器を発見した経験がある。

さらに、人骨らしい枯骨を発見するに及んで、姥捨て伝説がいよいよ本物らしく思われた。しかし、穴の上部周辺でも大量の土器片を発掘できた事から、その時代―弥生から古墳時代にかけて、この地は洞内にしたたり落ちる水が溜まった最奥を聖なる場所として、古代人が居住したか狩猟の中継地として利用した場所と考えられた。

その遺跡に後世、貧しい付近の農村から運ばれた老婆が、口べらしの為に投げすてられた

姥捨穴（バンバア穴）の入り口

事実があったのかもしれない。穴の延長は一二三メートルの小規模なものである。現在は植林されて昔の面影はなく、発見も困難になってしまった。

　もう一つのバンバア穴は、富士宮登山道の篠坂を過ぎて大きく迂回する登坂の左方樹林中に開口している。穴の入り口は直径二メートルほどの噴気孔が、草の茂った真ん中にわずかな口を開けているだけなので、多くの動物が転落して地底深く姿を消した不気味な印象の穴である。

　この穴に老婆をすてた話は、まだ古い話でもない為か言い伝えが現実味をもっている。口べらしの為に老婆をショイコに乗せて穴の中に落とした男は、絶対に口をつぐんで語らなかったので、異変を感じた村人が、穴の中に松明を投げ落としてみたが、あまりにも深い地底で肉眼には何も見えなかった。そこでニワトリを籠に入れて降ろしてみたところ、人影を認めたニワトリが鳴いたという。

そこで穴に降りて老婆の遺体を運びあげて葬ってやったと伝えている。その後、村人たちは危険なこの穴を埋めてしまおうと、付近の土砂を投入してみたが、高さ二〇メートルもの巨大な空洞は一向に埋めつくせず、途中であきらめてしまったという。この穴は、婆々穴またば姥捨穴と呼んでいるが、私の調査は昭和四四年九月に東大の津屋弘逵教授の指導のもとに、小川孝徳氏、日大と法政大の探検部などと共に、命綱をつけて降下したのであった。

おり立つとそこは土盛りの小山で、雨が流入する為か柔らかく湿っぽい。頭上の空間は恐ろしいほど広く高く暗い。そこから南西にむかって横穴が続いている。トンネルを歩くと、いくつもの白骨が散らばっている。人間ではない。生物担当の上野俊一氏によると、白骨は犬・鹿・狐・猪・熊などであり、総計一五体ほどもあった。穴から落下した〝犠牲者〟たちだったのである。

調査の結果、穴の総延長六二一メートル、奥の方に大広間のような所があり、足元はコウモリの糞でぬるぬるしていた。なお、近くにはコウモリ穴が二カ所存在し、そのうちの一つに犬が落ちてワンワン吠えているのに出合ったりした。富士山の寄生火山のひとつ、二子山のふもとに位置する洞穴である。

遠藤　秀男（えんどう・ひでお）
昭和14年（1939）富士宮市に生まれる。
国学院大学を卒業後、地元で教師を歴任。
途中でフリーとなり、執筆活動を続けながら
古美術店の経営にも長く携わった。
主要著書「富士山の謎」「富士山―史話と伝説」「富士川」
「道祖神のふるさと」「日本の首塚」「富士山の洞穴探検」
「富士山よもやま話」など30冊以上。

富士山の謎と奇談

静新新書　008

2007年1月19日初版発行
2008年12月25日初版第2刷発行

著　者／遠藤　秀男
発行者／松井　　純
発行所／静岡新聞社
〒422-8033　静岡市駿河区登呂3-1-1
電話　054-284-1666

印刷・製本　図書印刷
・定価はカバーに表示してあります
・落丁本、乱丁本はお取替えいたします

ISBN978-4-7838-0330-0 C1239

静岡新聞社の本

好評既刊